LA GÉORGIE

ET

LA DOMINATION RUSSE

PAR

LÉO KERESSELIDZÉ
PRIVAT-DOCENT

IMPRIMERIE VOGT-SCHILD, SOLEURE
1917

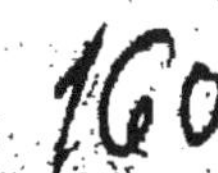

LA GÉORGIE

ET

LA DOMINATION RUSSE

PAR

LÉO KERESSELIDZÉ

PRIVAT-DOCENT

IMPRIMERIE VOGT-SCHILD, SOLEURE

1917

SOMMAIRE

PRÉFACE

La guerre actuelle a soulevé une quantité de problèmes
à résoudre, il est même certain qu'elle est appelée à résoudre
ces problèmes.

Pourquoi cette guerre a-t-elle été déchaînée? Quelles en
sont les causes directes ou indirectes? Qui l'a voulue? et
qui en est fautif?

Il est impossible de répondre à toutes ces questions aujourd'hui; ceci incombe à l'avenir.

Les causes de cette guerre reposent dans le passé; elles
se sont accumulées d'années en années, pour éclater aujour-
d'hui en une mêlée terrible.

Quantité de faits de différentes espèces, étroitement liés
entre eux et de différents caractères, sociaux, politiques, nationaux, éthniques et surtout économiques, ont participé à
la lente préparation de cette guerre.

Parmi les causes visibles de la guerre actuelle, ressort
la question nationale l'une des plus importantes.

Aujourd'hui l'humanité civilisée admet et les Etats civi-
lisés sanctionnent l'asservissement d'une nation par une autre
nation. On abolit le servage des individus, mais en même
temps on admet le servage national, comme si ce dernier
n'était pas mille fois plus cruel et plus inhumain.

Or, du moment qu'existe la possibilité de l'asservissement
national, existent également les causes de soulèvement, d'ef-
fusions de sang et de guerre. De quelle manière résoudre
cette question? C'est l'affaire des évènements à venir!

Il est presque certain que comme résultat de la guerre,
nous aurons à côté d'autres questions, la résolution de celle-ci.

Cette terrible guerre ne nous démontre-t-elle pas clairement que la vie ne peut continuer à reposer sur les bases politiques et sociales existantes? La question nationale doit également changer de bases, elle doit embrasser son caractère naturel.

Chaque nation doit avoir la liberté de s'organiser politiquement. Alors seulement, le droit international acquerra son caractère „international" et son caractère de „droit" dont il n'a que le masque!

Il ressort qu'on devrait étudier aujourd'hui et à part, la question de chaque nation . asservie. C'est ce que nous avons l'intention de faire pour la Géorgie dans ce livre.

Nous exposerons ici l'histoire de la civilisation et de la culture géorgiennes, d'après quoi le lecteur verra que le peuple géorgien avait et a encore à l'heure actuelle, sa civilisation, sa culture nationale, sa vie nationale à elle propre et que dans les conditions d'un développement libre et normal, il apporterait sa part sur l'autel de la civilisation mondiale.

Nous porterons à la connaissance du lecteur, l'histoire abrégée de la Géorgie, pour lui démontrer que ce pays avait sa politique développée, ses castes et ses classes avec leurs luttes sociales et politiques. Que le peuple géorgien a su défendre sa civilisation, son territoire et son indépendance. Que la Géorgie enfin, avait des hommes d'Etat et des rois de grande valeur ainsi que des littérateurs et des écrivains de talent.

Dans ce livre nous citerons tout à fait objectivement l'histoire des relations russo-géorgiennes, la violation des traités et des droits géorgiens par le Gouvernement russe et l'assassinat politique de la Géorgie!

LA CIVILISATION GÉORGIENNE

I.

Il existe deux genres d'alphabet dans la langue géorgienne: l'alphabet ecclésiastique et l'alphabet militaire (ou alphabet de chevalier). Aujourd'hui encore, le premier est en usage dans l'église, le second dans la vie civile et dans la littérature. Lequel des deux fut inventé le premier? Cette question n'est pas encore éclaircie. D'après la tradition historique l'un des deux existait déjà au IIIe siècle avant Jésus-Christ et fut créée par le roi Pharnaos, celui-là même qui chassa de la Géorgie l'armée d'Alexandre de Macédoine et réorganisa politiquement le pays. L'alphabet géorgien est un des plus perfectionnés du monde, il correspond admirablement aux sons riches de la langue.

*   *
*

L'histoire de la littérature géorgienne peut être divisée en 4 périodes: 1º du Ve au Xe siècle; 2º du Xe au XIVe siècle; 3º du XVIe jusqu'au commencement du XIXe siècle; 4º du XIXe jusqu'à nos jours.

Les deux premières périodes sont influencées par les littératures arabe, syrienne, byzantine, persane. C'est surtout sous l'influence des littératures byzantine et persane que se trouvent la vie intellectuelle et la littérature géorgiennes. Ces deux courants étrangers se cultivaient sur le terrain géorgien, travaillaient et s'élaboraient dans l'esprit géorgien, s'accomodaient aux goûts et aux talents géorgiens et peu à peu se transformèrent en une littérature purement nationale géorgienne.

La première période, c'est-à-dire du Ve au Xe siècle, est surtout caractérisée par l'influence byzantine et par un caractère religieux. Les ouvrages et les livres de contenu ecclésiastiques dominent.

De nombreux monastères, créés par les moines géorgiens, soit dans le pays, soit à l'extérieur du pays, en Palestine, Sinaï, etc., fournissent un travail fiévreux et d'une production intense, en traduisant les œuvres étrangères ou en créant des œuvres originales.

A cette époque appartiennent une grande quantité de livres de contenu religieux conservés jusqu'à nos jours. Ainsi, par exemple les ouvrages de David et Stéphane, écrits en Palestine; recueils de paroles et de discours de St-Grégoire, évêque de Néocésarie, de St-Cyrille, l'archevêque de Jérusalem. Dans ces recueils on trouve également l'éloge de la langue géorgienne, un fameux recueil fait par un certain Siméon etc.

Cette période est également riche en ouvrages historiques, juridiques et géographiques. Tous ces nombreux ouvrages prouvent à quelle hauteur de développement, se trouvait la société géorgienne de cette époque et combien profonde était la conscience nationale. Peu à peu, de la littérature religieuse se dégage la littérature laïque. Elle se développe et s'éloignant de l'influence byzantine, se rapproche de l'influence de l'Iran.

De nombreux poèmes et novelles persanes se traduisent en langue géorgienne, prennent racine dans le pays et pénètrent dans le peuple. Leur contenu, romanesque et historique, trouve un terrain favorable dans la vie féodale géorgienne avec ses traditions héroïques et son âme guerrière et chevaleresque.

L'influence de la littérature persane, ennoblie par la morale chrétienne, créa en Géorgie, le romantisme pur et idéal avec le culte de la femme et celui de l'honneur du chevalier. Ainsi la littérature, ayant acquis un caractère national, il se développa en Géorgie, à partir du XIe siècle, un humanisme à part, l'humanisme géorgien.

„L'humanisme géorgien," dit le professeur Marre, „ne se développa pas par la connaissance de la culture européenne antique, cette culture fut ignorée par les Géorgiens. L'humanisme géorgien se développa en adoptant les idées et les figures de belles-lettres persanes qui de leur part constituèrent la Renaissance sur la culture antique arienne.

Le XIe siècle réforme la langue littéraire en l'adoptant à la langue usuelle. Le XIIe siècle, surtout l'époque de la reine Thamar, est l'apogée de la littérature géorgienne. A la cour de la grande reine, les nombreux écrivains, poètes et littérateurs se réunissent, discutent, lisent leurs œuvres et rivalisent de talent. La langue géorgienne est portée au plus haut degré de développement.

Voici ce que dit le professeur Brosset au sujet de la culture du XIIe siècle „... au Xe, XIIe siècle, en Géorgie apparaissent une quantité de génies qui développent la langue géorgienne jusqu'à une perfection parfaite. D'une part les traducteurs de la Bible, de l'autre, les créateurs des épopées grandioses d'Amirani et de Tarieli."

„Ces temps furent les grands siècles de la Géorgie... si l'on peut juger le niveau de l'instruction d'un peuple d'après une statistique littéraire, alors rien de plus facile que d'apprécier l'instruction mentale de la Géorgie de ce temps... Il est agréable de répéter ici les noms de Rousthaveli, Mossé Khoneli, Chavtheli, Tchakhroukhadzé, de découvrir le caractère de ces talents poétiques et d'analyser leurs œuvres si originales."

Comme nous l'avons déjà dit, au Xe, XIe et surtout au XIIe siècle, l'influence de la littérature byzantine et celle de la Perse s'unissent sur le terrain géorgien et forment une littérature géorgienne nationale.

Les écrivains de cette époque et leurs œuvres ont un caractère purement géorgien. Parmi les très nombreux écrivains de cette époque, les plus célèbres sont: Mossé Khoneli qui a écrit un recueil de contes héroïques, Amiran Darédjaniani dont les contes accusent le caractère d'un roman chevalier où les mœurs, les traditions, les règles de conduite du chevalier sont poétiquement décrites. L'auteur y enseigne comment le chevalier doit respecter la femme, quelle doit être sa conduite envers les faibles et les malheureux. Il décrit les tournois des chevaliers se battant pour leurs dames de cœur, etc.

Le poète Tmogveli qui a traduit de la langue persane un poème classique „Wisramiani“ en lui donnant un coloris géorgien, il a également écrit un très beau poème intitulé „Dilariani“. Ce poète fut en même temps un philosophe connu et un rhéteur célèbre.

Un des plus brillants poètes de cette époque est Chaytheli. Il occupait le poste élevé de secrétaire d'Etat. Il écrivit un célèbre poème: „Eloge au roi David“. Aujourd'hui encore, on admire son style magnifique et l'originalité de sa conception. Dans ce poème, à part son talent éclatant, on découvre une profonde connaissance des philosophes de l'antique Grèce et des poètes persans.

Tchakhroukhadzé, nommé le poète de la reine Thamar, a écrit également un magnifique poème: „Eloge à la reine Thamar“, avec un talent suprême, le poète décrit dans cette œuvre la générosité et les victoires de la grande reine. Ce poème est en même temps un document historique, qui nous apprend quel rôle la reine Thamar joua pour les chrétiens d'Orient en intimidant les sultans de Damasque et d'Aleppo et leur imposant le respect aux chrétiens. Dans ce poème, on voit également que l'auteur, aussi bien que la société géorgienne de ce temps, connaissaient à fond les œuvres de Platon, d'Aristote et surtout des auteurs néoplatoniciens. Mais le plus grand poète que la Géorgie ait jamais eu et qui appartient également à cette époque, c'est: Chota Rousthaveli [1]) l'auteur du fameux poème „Vepkhvis tkhaossani“ (l'homme dans la peau du tigre). Poète de génie incomparable, philosophe profond, Rousthaveli règne encore aujourd'hui après sept siècles, non seulement dans la littérature géorgienne, mais encore dans l'ésprit de toutes les classes de la population.

---

[1]) Prof. Brosset, „De la poésie géorgienne“, Paris 1830.

Ses pensées sont devenues des proverbes populaires, ses poésies sont apprises et des passages entiers de son poème sont récités par cœur, même par les illettrés.

Arthur Leist dit de Rousthaveli: „Das Epos des Mannes im Tigerfelle ist das volkstümlichste Werk in der georgischen Literatur und überhaupt die bedeutendste Dichtung, welche der poetische Genius der kaukasischen Völker bis jetzt hervorgebracht hat."

Par son génie et par son importance, Rousthaveli occupe la même place chez le peuple géorgien que Dante chez les Italiens et Shakespeare chez les Anglais.

„L'impartialité," dit le baron Suttner, „nous oblige à appeler Rousthaveli un génie, car il a créé un roman à l'époque où ce genre de poésie était inconnu en Europe." [1])

Les arts et les sciences marchaient côte-à-côte avec le développement de la littérature en Géorgie. Déjà à partir du VIIe siècle, l'architecture se développe avec un succès rapide; on construit de nombreux monastères et églises, soit dans le pays, soit en Palestine et Sinaï. La lutte de deux influences se remarque dans l'architecture: l'influence orientale et l'influence byzantine. Mais peu à peu une architecture géorgienne, à part, se crée.

On contemple encore maintenant en Géorgie les splendeurs de nombreuses églises, de nombreux monastères, forteresses et palais antiques. Les monuments les plus connus sont: Sion, la cathédrale de Tiflis, la cathédrale de Mtzkhet, ancienne capitale de la Géorgie, le monastère de Guélathi, d'un

---

[1]) La Bibliographie en langues européennes sur Rousthaveli, „Mourier", Chota Rousthaveli. [2]) A. Borin, „La peau de Léopard", d'après Chota Rousthaveli 1885. [3]) Mélanges VIIIe et nouveau journal asiatique I 401, II 387. [4]) Traduction allemande d'Arthur Leist, „Der Mann im Tigerfelle", von Schota Rusthaveli, Dresden, Leipzig. [5]) Traduction en Anglais. Wardrop, „The man in the panther's stim", London 1912 (Royal Asiatic Society, oriental Translation Fund, n. s. vol. XXI)

style vraiment magnifique et le palais de la reine Thamar „Wardis. Tzikhé" (château des roses), qui fut le chef d'œuvre de l'architecture; ses ruines existent encore. Ce château comprenait 360 vastes salles garnies d'un riche travail, émail et mosaïque. Les montagnes de la Géorgie sont couvertes de tours, de châteaux et d'églises anciennes.

Ces monuments sont les vivants témoignages du haut développement de l'architecture et du goût artistique de la Géorgie des temps passés.

La peinture, influencée par la peinture byzantine acquiert un caractère purement géorgien au XIe et XIIe siècle et est également très développée. Encore aujourd'hui on peut contempler dans les églises géorgiennes des peintures anciennes d'une exécution parfaite.

Mais c'est surtout l'art du travail sur émail qui atteint le plus haut degré de perfection. Voici ce que Kondakoff, une grande autorité dans l'archéologie byzantine, écrit: „Combien fut grande la quantité de travaux sur émail, exécutés dans le temps en Géorgie, on peut le juger d'après le monastère de Guélathi. La seule rivale de la Géorgie dans ce domaine, c'est peut-être l'église de St-Marc à Venise [1]). Avant, déjà et depuis le XIe siècle surtout, la Géorgie fut parsemée de nombreuses écoles où les moines instruits, enseignaient.

Le roi David s'occupa beaucoup de l'instruction, il construisit un grand nombre d'écoles et d'académies.

La reine Thamar acheva son œuvre; outre de nombreuses écoles, elle fonda deux académies de sciences où professaient les meilleurs philosophes et savants.

Un grand nombre de jeunes gens étaient envoyés chaque année en Grèce, pour y achever leur instruction supérieure, soit aux frais de l'Etat, soit aux frais de la reine même.

Dans la vie géorgienne de ces deux époques, les sciences occupent une place aussi haute que les arts. De nombreux

---

[1]) Prof. Kondakoff, „Description de monuments antiques, de quelques temples et monastères géorgiens.

ouvrages sur la médecine, l'histoire, l'astrologie, la géographie, les mathématiques, etc., sont écrits annuellement et les bibliothèques des nombreux monastères sont remplies de ces livres. Les moines savants s'occupent d'œuvres scientifiques, soit en traduisant les langues étrangères, soit en produisant des ouvrages originaux. Nous citerons ici les noms de quelques savants de ces deux époques.

La plus grande autorité dans la science fut, sous le règne de David, Jean Petritzoneli, philosophe connu, grammairien et en même temps astrologue.

Outre ses nombreux ouvrages scientifiques, il fit une magnifique traduction de l'ouvrage de Proclès Diadoque sur les „Eléments de Théologie" et de l'ouvrage de Némésios sur la „Nature humaine". Sava Singueli, rhéteur et philosophe, 1150; auteur de nombreux ouvrages scientifiques, il traduisit du grec „l'Irmologion". Arséni Ikhalthoeli a écrit un livre contre les monophisites et fonda en Géorgie une école supérieure sur le modèle de celle de Byzance. Jean Grudzelidzé, au commencement du XIe siècle, écrivit l'Histoire des conciles. Antoni Tchkhondideli au XIIe siècle, à l'époque de la reine Thamar, a écrit un livre très intéressant: „L'organisation de l'armée".

Ces savants et une grande quantité d'autres ont enrichi la littérature scientifique.

Malheureusement cette marche grandiose de la civilisation géorgienne fut interrompue et brisée par les invasions mongoles du XIIIe au XIVe siècle, elle fut entraînée dans la chute avec l'Etat qui subit également une terrible catastrophe. La Géorgie recommença faiblement à vivre au XVIe siècle et au cours des siècles suivants; mais entre sa civilisation et sa littérature nouvelles et celles du Xe au XIVe siècle, il y a une différence énorme. Après sa chute, causée par l'invasion des Mongols, la Géorgie recommence une vie nouvelle, mais avec une énergie affaiblie. La littérature lutte de nouveau pour son existence.

Dans les monastères le travail est repris, mais pas avec l'ardeur d'autrefois.

C'est encore le rapprochement avec la Perse, au XVIe siècle, qui fait renaître la littérature laïque. De nouveau apparaissent des poètes et des littérateurs distingués.

L'époque du XVIe au XIXe siècle est une nouvelle époque; le même phénomène historique du VIIe, VIIIe et XIIe siècle, se produit... la littérature de la Géorgie est premièrement influencée par celle de la Perse, puis peu à peu, en se développant, elle s'affranchit et redevient purement nationale. Au XVIIIe siècle déjà, la Géorgie compte trois grands littérateurs purement nationaux: Artchil, David Gouramichvili et Bessik Gabachvili, poètes lyriques d'un talent original.

La culture et la civilisation géorgiennes de l'époque nouvelle qui commence au XIXe siècle, ont une tendance à s'européaniser; résolument elles marchent dans ce sens et font de grands progrès. Avec la littérature, l'esprit géorgien penche également vers l'Europe intellectuelle. Cette tendance était déjà très marquée à la fin du XVIIIe siècle, au temps du roi Irakli, où l'on traduisait les ouvrages des écrivains européens Voltaire, Beaumarchais, Montesquieu, etc. etc.

La haute société lisait et comptait entre ses membres des partisans de Voltaire, de Lessing, etc. Le grand-duc David, petit-fils du roi Irakli et fils du roi Georges, était lui-même voltairien. A partir du XIXe siècle et surtout après Ilia Tchavtchavadzé, la littérature géorgienne acquiert tout à fait un caractère européen. Une série de nombreux écrivains, romanciers, dramaturges, poètes, publicistes apparaissent et enrichissent la littérature géorgienne. Ces écrivains créent dans le pays un courant européen et dirigent les esprits vers ce courant.

Le grand patriote et écrivain Jean Keresselidzé fonde le journalisme qui se développe rapidement et se répand en quelques dizaines d'années. Malgré les persécutions du gouvernement du tsar, malgré une censure inouïe et des peines de prison sévères infligées aux rédacteurs, on comptait encore en Géorgie avant la révolution de mars dernier de nombreuses éditions soit quotidiennes, soit mensuelles, soit périodiques. Au cours du XIXe siècle, à part le Théâtre National, trois grandes institutions nationales sont fondées par la société intellectuelle géorgienne. La Banque Nationale, avec les bénéfices de laquelle sont subventionnés le Théâtre et les collèges nationaux à Tiflis et Koutaïs.

La société de l'instruction publique qui fonde de nombreuses écoles dans le pays, édite à bon marché des ouvrages géorgiens et les répand même gratuitement dans le peuple, fonde des bibliothèques, entretient un grand musée national etc.

Puis, les collèges nationaux de Tiflis et Koutaïs, seuls collèges dans lesquels était enseignée la langue géorgienne. Dans tous les autres collèges, elle était prohibée et poursuivie. La peinture, la musique et d'autres arts prennent également le caractère européen et se développent activement. Le théâtre occupe dans la vie intellectuelle géorgienne une place considérable. Son histoire remonte au XVIIIe siècle à l'époque où les spectacles se donnaient à la cour des rois géorgiens et où se jouaient entre autres les pièces de Racine, traduites en géorgien.

En 1790, sous le roi Irakli, on organise les spectacles à Tiflis et à Thélav et afin d'encourager la société à fréquenter et à soutenir le théâtre, la plus haute aristocratie donne l'exemple en montant sur la scène. Ainsi participaient aux représentations, le grand-duc David, les filles du roi Irakli et les princes et les princesses Avalichvili.

A la même époque, plusieurs dramaturges traduisent ou écrivent des pièces remarquables, ainsi: Avalichvili qui a écrit une comédie très originale, „La conversations des morts", comédie, qui fut souvent jouée devant le roi Irakli. Le même auteur écrivit en 1791 un drame, „Le roi Theïmourase". Déjà en 1850 on s'occupe d'organiser une troupe régulière et bientôt après un joli théâtre est construit.

La société géorgienne s'occupe avec ardeur de la question théâtrale. Des artistes de grande valeur apparaissent. Ainsi: Abachidzé, Meskhichvili, Kothéneskhi, Mme Avalichvili, Mlle Nino Tchkheidzé, etc. qui feraient honneur aux meilleurs théâtres de l'Europe.

Une série de dramaturges, tels que Pourzéladzé, Eristhvichvili, Gounia, etc. créent une vaste littérature dramaturgique, qui nourrit le théâtre géorgien. Aujourd'hui, dans toutes les villes importantes de la Géorgie, il y a un théâtre où se donnent des représentations régulières. Tiflis, seule, compte plusieurs théâtres; Koutaïs, Batoum ont également le leur. Presque tous les auteurs connus d'Europe sont traduits et joués en langue géorgienne. Shakespeare, Schiller, Molière, Corneille, Hauptmann, Ibsen, Sudermann, etc. sont admirablement interprêtés sur la scène géorgienne et le public aime ces auteurs.

Là aussi, comme dans tous les autres domaines du développement intellectuel, le gouvernement du tsar faisait tout son possible pour entraver le progrès; il recourait à tous les moyens pour étouffer le théâtre national, mais il était impuissant devant la société géorgienne qui luttait à outrance pour l'existence de son théâtre.

En 1904, 1905, 1906 et 1907 la Géorgie prit une part active à la révolution russe. Cette révolution ayant atteint toutes les classes du peuple géorgien, ayant ébranlé toutes les bases de la vie nationale, a fait entrer le pays dans une ère nouvelle.

Depuis, la Géorgie marcha rapidement vers le progrès, de sorte que la révolution de mars dernier trouva en elle, un terrain absolument prêt et le peuple géorgien ne tarda pas à organiser sa vie sur les bases nationales en réalisant la nationalisation de l'école et de l'Eglise.

Le travail continue fièvreusement à l'heure actuelle, mais son degré de développement dépendra beaucoup des évènements intérieurs et extérieurs de la Russie.

DEUXIÈME PARTIE

EXPOSÉ HISTORIQUE

I.

Nous commencerons l'exposé de l'histoire de la Géorgie seulement à partir de l'introduction du christianisme; cet exposé sera très bref jusqu'aux relations russo-géorgiennes, ici par contre nous nous arrêterons un peu plus longuement. Avant d'entrer en matière, nous aimerions bien faire ressortir et caractériser les grandes lignes passant au travers de la vie politique et sociale de la Géorgie depuis de VIIe jusqu'au XIXe siècle.

Les évènements extérieurs, les guerres continuelles, les invasions, les différentes influences des différents peuples ennemis, rompaient et souvent imprimaient une autre direction à la marche normale du développement politique et social de la Géorgie. On peut, mais seulement en faisant des recherches minutieuses, arriver à faire ressortir et à caractériser ce qui suit.

1. Dès les VIIe et VIIIe siècles, jusqu'au milieu du XIXe siècle, la féodalité est à la base de la vie politique et sociale de la Géorgie et sur toute l'étendue de ces siècles, le droit public et le droit privé sont confondus. Généralement l'Etat lutte contre ce régime pour ses droits absolutistes; il lutte également pour l'unification de toute la Géorgie sous un seul sceptre, mais il se heurte à la force contradictoire de la féodalité. Quelquefois, plutôt rarement, l'Etat prend le dessus et alors le pays fleurit politiquement, économiquement et la civilisation progresse rapidement. Mais le plus souvent, l'Etat est impuissant devant le régime féodal. Les conditions extérieures, les guerres continuelles l'entravent dans son œuvre. Cette lutte dure jusqu'au jour où la Géorgie meurt politiquement sur les bases du féodalisme pourri. Deux forces, toujours ennemies à son existence, l'achèvent: le régime féodal à l'intérieur et l'ennemi

à l'extérieur. L'organisme politique de la Géorgie, affaibli par le féodalisme, n'est pas en état de résister aux coups qui lui sont traîtreusement portés par le gouvernement du tsar et succombe. Cette mort n'est que politique. La nation continue à respirer, faiblement d'abord, puis de mieux en mieux et se reprend à vivre. A l'intérieur de sa vie nationale se développent d'autres bases, sur lesquelles la Géorgie revivra politiquement et sur lesquelles reposera sa vie future.

2. Dans toute l'étendue de son histoire, la Géorgie mène une lutte acharnée et sans merci pour la conservation du territoire national.

3. La Géorgie mène la lutte sous le symbole du christianisme, contre ses ennemis musulmans, mais quoique cette lutte ait extérieurement un caractère religieux, intérieurement elle n'est que purement nationale, nous en avons la preuve dans la lutte contre les coréligionnaires russes, lutte qui éclata au lendemain même de l'établissement frauduleux des Russes en Géorgie.

4. Il y a aussi une lutte intellectuelle permanente en Géorgie, la lutte pour la civilisation nationale, contre les ennemis destructeurs de cette civilisation, dont l'évolution subit beaucoup d'influences, rompt parfois, mais réapparaît chaque fois que la nation abattue, redonne un signe de vie et continue son œuvre. Grâce à cette lutte, la Géorgie réussit à conserver sa physionomie nationale, évolue et conserve la langue. Cette lutte se poursuivit durant un siècle contre le système de russification de l'ancien gouvernement russe.

5. La Géorgie a une tendance très marquée à sortir intellectuellement et moralement du milieu de ses voisins, pour établir un lieu intellectuel, moral et politique avec l'Europe. Sa situation géographique-politique d'une part, le complet désintéressement de l'Europe pour elle, de l'autre, l'empêchent d'établir ce lien. Cette tendance pour l'Europe est encore plus marquée aujourd'hui. Il existe même des rapports assez sensibles entre elle et la Géorgie, grâce au commerce assez régulier

surtout avec l'Angleterre, la France et l'Allemagne auxquelles la Géorgie envoie par Batoum, ses minéraux [1]) et ses produits agricoles.

II.

ⅴ La dénomination de la Géorgie en langue géorgienne est „Sakarthvelo. Iveria". Les musulmans l'appellent „Gurdji-stan". Les Grecs la connaissaient sous le nom „Colchide", etc.

La Géorgie est une partie de la Transcaucasie et occupe les bassins du Tchorokh, de l'Ingour et du Rion, ainsi que le haut plateau et le bassin central du Koura.

La Géorgie est divisée en plusieurs provinces, mais malgré que les habitants de ces provinces soient tous de la même race géorgienne, parlant la même langue, ayant les mêmes habitudes et les mêmes traditions historiques, constituant enfin une nation géorgienne, le plus souvent ces provinces représentaient politiquement des Etats indépendants les uns des autres.

Ainsi le royaume de Karthli et Kakhéthi, capitale Tiflis (cette ville compte actuellement 350,000 habitants), le royaume d'Iméréthie, capitale Koutaïs (50,000 habitants), la principauté de Mingrélie, la principauté de Gourie, etc. Comme ports, la Géorgie possède Batoum, Poti et Soukoum. Toutes les provinces de la Géorgie sus-indiquées sont actuellement incorporées dans l'empire russe. La population de la Géorgie s'élève au nombre de 3,000,000 d'âmes.

* * *

Nous n'avons ni la place, ni le temps d'exposer ici l'histoire de l'introduction du christianisme en Géorgie. Nous nous bornerons à dire que le christianisme fut introduit en Géorgie au IVe siècle, que dans ce pays, comme dans beaucoup

---

[1]) La Géorgie exporte annuellement en Europe du cuivre et plusieurs millions de tonnes de manganèse, etc.

d'autres, il se répandit par les luttes, par la propagande et par la voie d'évolutions mentales et morales. Le christianisme pénétrait en Géorgie de deux côtés différents. Il venait en Géorgie orientale, directement de Palestine, par la Syrie et l'Arménie et en Géorgie occidentale, de Byzance et de la Cappadoce et avait un caractère grec.

D'après une légende, l'évangile y fut prêché par Ste-Nino de la Cappadoce.

Une pauvre fille — raconte la tradition— appelée Nino, entra en Géorgie, ayant en mains une croix faite de deux ceps de vigne, liés avec ses cheveux et enflammée du désir de christianiser la Géorgie, elle convertit le roi Mirian et le peuple par ses miracles. La religion chrétienne lia étroitement la Géorgie avec Byzance, d'où l'influence de la civilisation byzantine qu'on remarque surtout depuis le VIe siècle. Malgré le développement de la civilisation en Géorgie, grâce à l'introduction du christianisme et du voisinage de Byzance, la Géorgie subit une chute politique qui dura depuis le VIe jusqu'à la fin du IXe siècle.

Pendant plus de deux siècles, la Géorgie orientale n'eut pas de rois, la couronne ayant été supprimée d'abord par les Perses et plus tard par les Arabes qui avaient conquis le pays et le dominaient. Cette situation dura jusqu'en 888, date à laquelle la royauté fut enfin restaurée.

L'absence de rois était la meilleure condition pour que la noblesse obtînt une grande autorité dans le pays. Pendant ce temps, c. à d., pendant l'absence de royauté, la Géorgie fut gouvernée par des gouverneurs envoyés par les Perses ou par les Arabes. Ces gouverneurs étrangers avaient tout intérêt à ne pas soumettre la noblesse à un pouvoir central, afin d'éviter la concentration des forces nationales du pays. Ils comprenaient bien qu'en soumettant les féodaux à un pouvoir central, ils créeraient ainsi un Etat centralisé et par conséquent, un Etat fort. Inévitablement, cette force, une fois créée, aurait été dirigée contre eux-mêmes. La Géorgie centralisée pouvait se débarasser de la domination des étrangers beaucoup plus facilement qu'en étant démembrée en quantité de parties, chaque partie ayant à sa tête, un féodal en général ennemi de ses voisins féodaux. Ainsi la noblesse, profitant de l'absence de pouvoir central, se fortifiait dans ses propriétés et acquérait de plus en plus les pouvoirs publics en se considérant comme de petits rois. Cette circonstance favorisa beaucoup le développement du féodalisme, de sorte que lorsque sur le trône de Géorgie, en 888, apparaît de nouveau un roi géorgien, celui-ci trouve le pays divisé en un grand nombre d'unités politiques et les pouvoirs publics entre les mains de la noblesse. Du VIIe, VIIIe siècle, jusqu'à la réunion de la Géorgie à la Russie, c. à d. jusqu'au XIXe. siècle, la féodalité est à la base de la vie sociale et politique. La propriété privée et le droit public y sont liés étroitement.

Le féodal acquiert le pouvoir public parce qu'il est grand propriétaire foncier. Jamais cet état de choses ne fut complètement supprimé en Géorgie et il fut presque toujours la cause principale de ses malheurs. Dès que les rois géorgiens réapparurent sur le trône, ils commencèrent à lutter pour leurs droits ce qui nécessitait la lutte contre la noblesse, en vue de sa soumission plus ou moins complète au pouvoir royal.

Cela était nécessaire pour l'Etat et pour le bien-être du pays. Mais outre la soumission de la noblesse au pouvoir central, les intérêts de la nation géorgienne demandaient la réunion de toute la Géorgie sous une seule couronne, en un seul Etat. Les rois géorgiens comprirent très bien cela et les plus forts, les plus éclairés d'entre eux, profitant de leurs forces, tentèrent de réunir à leur royaume, les autres royaumes plus faibles. Cette lutte commence au IXe et dure jusqu'au XIe siècle, où la Géorgie se trouve réunie sous le même sceptre, celui du roi David. Les historiens appellent cette époque de la lutte pour la réunion de la Géorgie, „l'époque de la politique de réunion". Pendant cette époque, nous voyons les rois lutter sans repos, ne s'arrêter devant aucun obstacle, pour réunir toute la Géorgie. Par exemple, le roi Bagrat III (1008) qui tua dans ce but ses deux neveux.

Ce grand roi réalisa en partie l'idéal national en unissant les deux royaumes de Karthli et de Kakhéthi.

III.

La plus remarquable période de l'histoire de la Géorgie est l'époque de la fin du XIe siècle jusqu'au commencement du XIIIe. Le pays a atteint alors l'apogée du développement de sa puissance politique et de sa civilisation. L'histoire donne à cette époque qui commence avec le roi David (1089 à 1125) le nom poétique „d'Epoque d'or" ... oui, elle fut l'époque d'or de la Géorgie! David monta sur le trône tout jeune encore. Il avait 26 ans. Devant ce jeune roi se trouvait un tableau triste et tragique de la situation politique et sociale du royaume Le pays était en plein désarroi et couvert de ruines. La partie orientale était dominée par les Arabes. La partie occidentale se trouvait entre les mains des Turcs.

Dans certaines provinces du royaume, les Perses agissaient librement, en torturant les populations et ruinant le pays. La capitale même, Tiflis, était dans les mains des Arabes. Socialement le pays n'avait pas le meilleur aspect, non plus. Les féodaux, profitant de la situation, ne s'en inquiétaient pas. Economiquement, le royaume était ruiné. Il y avait absence d'écoles, de voies, etc. Une tâche difficile incombait au nouveau roi. Faire face aux ennemis innombrables, secouer leur joug, intimider les féodaux désobéissants et les soumettre au pouvoir royal, faire une masse de réformes nécessaires pour le bien-être du pays, etc., et ainsi rétablir les forces épuisées de la Géorgie lacérée. David s'acquitta de sa tâche, à son honneur, comme le dit le professeur Khakhanachvili et porta la Géorgie au faîte de la puissance militaire et réunit le pays démembré.

En étudiant l'histoire de la Géorgie, l'historien remarque qu'avant le roi David, il y eut d'autres rois qui luttèrent pour les mêmes idées, qui virent le salut du pays dans la soumission des féodaux, dans la réunion de toute la Géorgie en un seul royaume et dans la création d'un pouvoir monarchique absolu. L'historien remarque également que les rois, précédant David, préparèrent la base sur laquelle ce dernier fonda la Géorgie, unie et glorieuse. Mais le système dans la lutte leur manquait, et c'est pourquoi ils ne réussirent pas avant lui. David entreprit la lutte avec un système auquel il se tint jusqu'au bout. Il était fort, car il traça d'avance le plan de son action. Sachant bien qu'il lui était impossible de faire des réorganisations pendant que les ennemis dominaient le pays, il concentra toutes ses forces pour les en chasser et secouer leur joug. Profitant de la situation favorable que les succès des croisés lui offraient, il débarassa la Géorgie de ses oppresseurs, infligea même une bonne correction aux Perses et fut encore en mesure d'envoyer une troupe considérable aux croisés pour les aider. Après avoir assuré son royaume contre les ennemis extérieurs, David consacra tous ses soins au développement du peuple et aux réformes administratives et politiques.

„Unité de la Géorgie!" Voici la question qui se posait en premier lieu et ce qu'exigeaient les intérêts de la nation géorgienne. L'unité seule, était capable de créer la force. L'unité seule, pouvait garantir la Géorgie contre les ennemis innombrables dont elle était entourée. David réalisa cette unité. Il unit toute la Géorgie sous son sceptre et en forma un Etat. Ensuite il fallait une fois pour toutes, soumettre les féodaux au pouvoir central et ainsi supprimer la tendance de démembrement de la Géorgie. Là encore, dans cette lutte, contre la noblesse, cette homme de génie, choisit la voie la plus sûre et la tactique la meilleure. Il avait compris que tant qu'existeraient exclusivement les armées féodales, tant que l'Etat, le roi, en cas de nécessité seraient obligés de recourir à leur aide et se trouveraient, par conséquent, à leur merci, une lutte fructueuse contre les féodaux et leur soumission étaient impossible. Il savait aussi que le roi ne pourrait avoir une influence et une autorité absolue sur les féodaux, qu'au cas où il disposerait d'une force militaire, dépendante de lui seul.

Dans ce but, David organisa une armée permanente, il loua une armée de 50,000 hommes qu'il plaça directement sous ses ordres. Ayant acquis par ce fait une grande force militaire, il devint terrible pour les féodaux récalcitrants. Il suffisait que l'un d'entre eux tente une résistance armée contre l'Etat, pour que David apparaisse immédiatement avec son armée et l'anéantisse. Pas de pitié pour le féodal infidèle. Le roi généreux devient impitoyable quand l'intérêt de l'Etat le demande. David était tel que l'époque l'exigeait. Pour que le roi soit grand, il faut que par ses qualités, il réponde aux exigences de l'époque.

L'époque nécessitait une main forte; très souvent celle de David étrangla et pour cela, loin d'être criminelle, elle était grande et sacrée. David fit ensuite une réforme démocratique d'une grande importance politique. Il supprima la monopolisation des fonctions publiques par la noblesse. En expulsant de ses fonctions un féodal infidèle, il ne le remplaçait pas, comme le faisaient les autres rois, par un féodal plus obéissant, mais au contraire il nommait à sa place quelqu'un du peuple. Ainsi les fonctions publiques passaient peu à peu, des mains des féodaux, à celles du peuple, aux mains de „gens sans nom", comme disaient les mécontents.

Une des plus grandes réformes de David fut la division du pays en plusieurs parties administratives, où il appelait au poste de gouverneurs, non pas les féodaux, mais les représentants de la couronne. Ainsi l'Etat prenant racine dans le sol du pays, attirait à lui ses forces, les concentrait et les agrandissait.

Le rôle civilisateur de David ne fut pas moins important;
il fonda de nombreuses écoles, créa des voies de communication, favorisa le commerce, réforma l'organisation de l'Eglise,
etc. Non seulement ce grand roi réunit toute la Géorgie sous
son sceptre, mais il relia encore à sa puissance, l'Ossethi, le
Dagestan et les autres pays du Caucase. Ainsi fut fondé par
lui un vaste royaume compris entre la mer Caspienne et la
mer Noire, de la chaîne du Caucase jusqu'à Kars. Des ruines
de la Géorgie, David fit renaître un pays florissant; d'un pays
soumis et esclave, il fit un Etat libre et puissant. La Géorgie
reconnaissante le nomma „Rénovateur". C'est sous ce nom
qu'il est connu dans notre histoire.

En Karthli, dans la ville de Gori, sur une colline, se
voit encore aujourd'hui une fortresse grandiose et majestueuse;
fièrement et d'un oeil vigilant, cette forteresse regarde tout
le pays... souvent elle le défendit courageusement et fut un
grand soutien de la Géorgie. Cette forteresse fut bâtie par
David le Rénovateur; elle résiste au temps pour rappeler aux
jours actuels, la gloire des jours passés, pour rappeler aux
Géorgiens leur grand roi.

Le roi David mourut en 1125, il est enseveli au seuil de
l'église de Guélathi, construite par lui-même. A l'entrée de
l'église se trouve une grande dalle de granit sur laquelle on
lit: „C'est ici le lieu de mon repos éternel, j'y demeurerai
parce qu'il me plaît."

La brillante époque inaugurée par David, ne prit pas
fin avec lui, elle continua jusqu'au commencement du XIIIe
siècle. La personnalité la plus remarquable de cette époque,
c'est la reine Thamar. Nous en dirons quelques mots et ainsi
terminerons la plus belle page de l'histoire de la Géorgie, celle
qui est fortement gravée dans le cœur de chaque Géorgien,
qui est une consolation dans son malheur et un encoura-
gement dans la lutte pour l'indépendance nationale.

*   *   *

L'aurore de l'histoire géorgienne commence, comme nous l'avons dit, avec le roi David et le soleil le plus brillant que la Géorgie ait jamais vu, c'est la reine Thamar.

„Cette phase de l'histoire géorgienne," dit Chantre, (en parlant de l'époque d'or) „qui s'étend entre le Xe et XIIIe siècle est dominée par un grand nom, qui résume toutes les gloires et toutes les heureuses fécondités, c'est celui de la reine Thamar." [1])

Son règne fut l'époque de la haute puissance militaire et politique de la Géorgie, du plus haut développement des sciences et des arts et surtout de la littérature.

Cette reine de génie, suivant la politique du roi David, commença par affaiblir et soumettre à sa puissance les ennemis voisins, pour éviter ainsi à son Etat, les dangers futurs. Dans ce but, elle envoya son armée contre les Perses, remporta sur eux de brillantes victoires, s'empara de la province de Gandja ainsi que de grandes richesses. Craignant les succès de Thamar, le célèbre sultan d'Aleppo envoya contre la Géorgie une armée de 800,000 hommes, mais les Géorgiens, attaquant les premiers, la mirent en pleine déroute et s'emparèrent d'un riche butin.[2])

La reine Thamar, trouvant que son voisin Alexis Ange, empereur de Byzance, agissait contre les intérêts géorgiens, lui déclara la guerre, s'empara de Trébizonde et de quelques provinces situées au bord de la mer Noire. De ces terres, elle créa l'empire de Trébizonde et y nomma comme empereur, son parent Alexis Comnène.

„Ainsi Thamar, grande, éclairée, courageuse, plaça son pays à la tête des nations de l'Asie occidentale, et par la crainte qu'elle sut inspirer, elle éloigna constamment les invasions et fit goûter à son peuple 30 années de bonheur et de sécurité." (Chantre.)

---

[1]) Chantre Ernest: Recherches antropologiques dans le Caucase.
[2]) Voir „Histoire de la Géorgie", par le prof. Khakhanoff.

La civilisation a atteint sous son règne en Géorgie son plus haut degré. C'est par Thamar que furent bâtis les plus beaux bâtiments, églises, forteresses et palais d'une architecture splendide. Son célèbre palais Vardzia avait 360 chambres et était un chef d'œuvre de l'art. Aujourd'hui encore, les magnifiques ruines de ce château sont admirées par tout le monde et le Géorgien, passant dans ses vastes salles, se transporte en pensées à cette époque grandiose et se représente la reine magnifique, discutant ses vastes plans avec ses fidèles seigneurs. Thamar fonda beaucoup d'écoles et plusieurs académies; elle envoyait à ses frais les jeunes gens en Grèce pour y achever leur instruction supérieure. Comme le roi David, elle fit des canaux, des voies de communication et favorisa le développement commercial du pays. C'est par ces actes qu'elle mérita la dénomination de „Grand Roi" que lui donna son peuple pour sa sagesse. La littérature attint sous Thamar un point qui n'avait jamais été atteint en Géorgie.

Le peuple qui est le meilleur appréciateur de ses héros, apprécia Thamar à sa valeur et comme le dit Chantre: „Jamais reine ne fut mieux récompensée et nul peuple ne poussa plus loin le fanatisme d'un grand nom."

La reine Thamar est la vraie sainteté de la nation.

Le peuple s'incline devant son nom, jure par elle. Autour de sa personne sont créées des milliers de légendes poétiques, car elle-même, comme toute sa vie, fut pleine de beauté et de poésie. D'une beauté incomparable, pleine de qualités morales. elle était entourée des meilleurs poètes dont les lyres la chantaient. Tchakhroukhadzé lui consacra ses chants les plus beaux et Rousthaveli écrivit pour elle son grand poème qui commence par ces mots: „C'est pour la reine divine qui domine le monde et les armées, que j'écris mon poème." Vakhoucht l'appelle aussi la reine divine. Sur les monnaies à la frappe de Thamar on lit cette inscription: „La reine magnifique, splendeur du monde et de la réligion. Que Dieu glorifie ses victoires." [1]

---

[1] Mourier: L'art réligieux au Caucase.

Les montagnards représentent cette reine adorée, couronnée d'un diadème d'or, et parée d'un vêtement lumineux orné de pierreries. Le peuple a composé beaucoup de chansons dans lesquelles il chante ses actes glorieux et si le berger assis à l'oraie de la forêt chante sa triste mélodie, c'est aussi à la reine qu'il s'adresse; il l'appelle au secours de son pays: „Lève-toi reine Thamar, c'est toi que pleure la Géorgie; lève-toi et délivre ta malheureuse Patrie!"

Ces chansons, toujours tristes, sont pleines d'amour, car le triste présent et le passé aimé y sont étroitement liés.

IV.

Avec la mort de la reine Thamar, le sort de la Géorgie changea rapidement. Comme une étoile magnifique, la reine Thamar brilla dans le ciel de la Géorgie et avec elle s'éteignit le bonheur de sa patrie. Après elle, de nouveaux désastres et de nouveaux malheurs attendaient le pays. La destinée de la Géorgie était de tomber sous les coups des Mongols, de se démembrer de nouveau et de perdre la voie sur laquelle l'avaient mise les grands rois, Bagrat III, David le Rénovateur et Thamàr.

Ces évènements provoquèrent une décadence sociale et politique de la Géorgie. Depuis, la Géorgie traîna une misérable existence politique; une fois, sous le roi Irakli, au XVIIIe siècle, elle réussit à se relever, mais ce fut pour respirer une dernière fois et mourir. Ce lever ressemble au lever d'un lion blessé mortellement qui se jette sur l'ennemi et rend le dernier soupir.

La conquête de la Perse par les Mongols commença en 1219 et bientôt après, la Géorgie fut aussi envahie et ruinée par ces barbares. Leurs invasions devaient anéantir la carrière politique de la Géorgie. Les Mongols favorisèrent le démembrement du pays.

Outre cette cause de la décadence politique du pays, existait une autre cause que la Géorgie portait en elle-même et qui ne fut pas moins grave pour son unité. La Géorgie, comme toutes les sociétés du moyen-âge, portait en elle-même des forces centrifuges, rendant instable toute unité. Le roi David et ses successeurs avaient réussi à unir la Géorgie sous un seul sceptre, mais cette unité était encore incomplète dans différentes parties du pays. Pour cimenter tout à fait ces pays en un Etat, il aurait fallu que le roi David ait des successeurs dignes de lui et que les conditions extérieures soient favo rables. Mais les invasions des Mongols ne permirent pas au roi Alexandre de continuer la politique des rois précédents et il partagea la Géorgie entre ses fils.

Dès lors la Géorgie n'exista plus comme Etat uni, mais fut divisée en royaumes et principautés. Ainsi les royaumes de Karthli, Kakhéthi et d'Iméréthi et les principautés de Gourie, Mingrélie, Swanéthi et d'Abkhazie, etc. Ce démembrement fit de la Géorgie un jouet entre les mains de ses terribles voisins et la força à chercher protection auprès d'un autre Etat, à chercher un allié contre ses ennemis puissants. Naturellement ce fut dans la Russie coréligionnaire que la Géorgie crut voir l'allié le plus convenable. Ayant démontré les causes de la décadence de la Géorgie, nous exposerons maintenant l'histoire de ses relations avec la Russie, relations qui l'amenèrent à sa pleine réunion à cet empire et à sa mort politique ou plutôt à sa mort temporaire car, comme dit le poète géorgien Tseretelli: „La Géorgie n'est pas morte, elle dort seulement et bientôt elle va se réveiller."

Elle se réveillera car elle désire vivre politiquement!

V.

Le XVe siècle est marqué par des évènements d'une signification fatale pour la Géorgie. Deux faits historiques se dressent devant elle, menaçant son existence. Premièrement la chute de Constantinople qui lui barre le chemin vers l'Europe et la tient enfermée en Asie où elle étouffe encore aujourd'hui. Deuxièmement, à cette même époque se constituent dans le voisinage de la Géorgie deux Etats très puissants: La Perse et la Turquie.

De ce moment la Géorgie occidentale (Iméréthi. Mingrélie, Gourie, Abkhazie) entre dans la sphère de l'influence de l'empire ottoman) tandis que la Géorgie orientale (Karthli et Kakhéthi) entre dans la sphère de l'influence de la Perse. Dès lors commence pour la Géorgie une véritable agonie, car elle est constamment ruinée et envahie, tantôt par l'un, tantôt par l'autre de ces deux Etats.

On se demande comment ce petit pays a pu, dans de si terribles conditions, exister pendant des siècles et conserver sa langue et sa civilisation nationales. Mais ce n'est pas sans raison qu'on appelle la Géorgie: „Le pays des héros".

La Géorgie avait des rois héroïques qui mouraient sur le champ de bataille et de grands patriotes qui se sacrifiaient à la Patrie aimée; tout le pays était transformé en champ de bataille, les plaines étaient semées des os de ses enfants et arrosées de leur sang. C'est ainsi que la Géorgie a conservé sa nationalité et son territoire!

Depuis son démembrement, la Géorgie fut presque toujours en état de vassalité. La partie orientale était vassale de la Perse, la partie occidentale de la Turquie. Nous ne parlerons dans notre exposé que de Karthli et Kakhéthi, car c'est leur politique avec la Russie qui eut une conséquence décisive pour toute la Géorgie.

Nous avons dit plus haut que les royaumes de Karthli et de Kakhéthie, après le démembrement de la Géorgie, étaient sous l'influence de la Perse et qu'ils furent presque toujours ses vassaux.

Naturellement la Perse s'efforçait de réunir définitivement la Géorgie à son Etat et de supprimer son existence politique; dans ce but elle l'envahissait à chaque instant et massacrait les populations, mais elle n'aboutit jamais à ses entreprises; deux faits s'y opposèrent. D'une part les Géorgiens qui à la première occasion entraient en lutte contre l'ennemi et le chassait du pays, de l'autre, l'impossibilité d'une unité organique de la Géorgie avec la Perse parce que la Perse elle-même ne représentait pas un Etat organiquement uni. Elle formait plutôt un corps politique, constitué, non d'unités administratives, mais d'unités politiques. Ainsi la Géorgie avait toujours son roi, considéré comme vassal du Schah, qui devait lui payer un tribut et l'aider de son armée. Mais rarement la Perse laissait la Géorgie en paix. Souvent un des Schahs, amateur de guerre ou poursuivant sa politique fantaisiste, envahissait la Géorgie, ruinant les villes, massacrant la population et après cette sanglante excursion, rentrait dans son pays. Torturés par cette situation, les rois géorgiens cherchèrent le protecteur qui pourrait les soutenir et assurer à leur pays la tranquillité nécessaire.

A cette époque la Russie devenait un Etat puissant. Jean-le-Terrible faisait de la Russie un Etat centralisé et monarchique. Cet Etat élargissait progressivement ses frontières et s'approchait du Caucase. La Russie enlevait aux Tatars les terres près de la mer Caspienne et les peuplait de Russes. Ayant une nombreuse population et des terres peu fertiles, la Russie s'efforçait de conquérir des terres riches et fécondes.

La Russie comme chaque Etat puissant devait s'agrandir. Elle devait diriger sa marche vers l'Asie ou vers l'Europe. Mais en Europe les grands Etats européens l'en empêchaient. Alors la Russie dirigea sa marche vers l'Asie où les conditions étaient plus favorables à ses desseins. Les rois géorgiens virent dans la Russie une force sur laquelle on pouvait s'appuyer et qu'on pouvait opposer à celles de la Perse et de la Turquie. Déjà au XVIᵉ siècle ils entrèrent en relations avec la Russie, lui demandant secours et protection. Les rois géorgiens préféraient être sous le protectorat d'un Etat coréligionnaire qui observerait normalement les relations d'un Etat suzerain et qui n'exposerait pas le peuple à la persécution religieuse. Sous le protectorat de la Russie, ils espéraient avoir une vie paisible et cherchaient à l'obtenir le plus vite possible. Les souverains de la Perse s'opposaient énergiquement à cette politique du gouvernement géorgien. Ce fut le Schah Abbas qui lutta le plus opiniâtrement et le plus systématiquement contre la politique de relations de la Géorgie avec la Russie.

Homme de génie politique, le plus grand souverain de la Perse, il prévoyait que les relations amicales entre la Russie et la Géorgie entraîneraient la perte de la Perse. Il comprenait que la chaîne du Caucase est la porte fermée qui protège la Perse contre le danger du Nord. Ouvrir cette porte, c'était donner libre accès à la Russie, non seulement en Géorgie, mais encore en Perse. Le Schah Abbas décida d'écarter ce danger. N'ayant pu convaincre le roi Alexandre de Kakhéthi, Georges de Karthli et plus tard encore les rois Theïmouras et Louarsabe, il fit campagnes sur campagnes contre la Géorgie. Son plan était de la musulmaniser pour mettre ainsi une barrière religieuse entre la Russie et la Géorgie, ou de l'anéantir complètement et la peupler de Persans.

Envahissant plusieurs fois la Géorgie, il la mit en ruines, massacra la population, déporta plus de 100,000 hommes et s'empara de deux royaumes: Karthli et Kakhéthi. La situation politique et sociale de la Géorgie était terrible; saccagée par les Perses, souffrant de désordres intérieurs continuels, car les féodaux agissaient en maîtres dans le pays, l'agriculture était absolument tombée, il y avait absence complète du commerce, le pays se trouvait dans une situation insupportable. Affolés, les dirigeants de la politique géorgienne cherchèrent secours auprès des étrangers, surtout auprès de la Russie. Obtenir la protection de la Russie, fut la politique générale des rois géorgiens de l'époque. Cependant il se trouvait des hommes qui envisageaient le salut du pays sous un autre point de vue. D'après eux le salut ne pouvait et ne devait pas venir de l'étranger. Il fallait le chercher à l'intérieur du pays même.

Ces hommes luttèrent pour créer une force nationale par une organisation qui, d'après eux, devait consister à: Unir toute la Géorgie en un Etat. Créer une monarchie absolue. Soumettre les féodaux à la monarchie pour concentrer ainsi les forces du pays et les diriger suivant la volonté de l'Etat. Développer l'agriculture et le commerce et ainsi fortifier la classe moyenne et les paysans.

Georges Saakadzé, un grand homme d'Etat et le plus grand stratège, réalisa en partie cette politique en unissant Karthli et Kakhethi en un seul Etat. Il infligea une sanglante défaite à la grande armée du Schah Abbas, mais persécuté et poursuivi par les féodaux qui étaient très puissants à cette époque, il dut chercher asile chez le Sultan turc qui l'accueillit avec empressement. Bientôt après il mourait en Turquie, frappé par la main de traîtres à la solde de son rival politique. Par ses invasions systématiques, le Schah Abbas obligea la Géorgie à s'incliner devant lui. La Géorgie cessa ses relations avec la Russie, mais temporairement et pour les recommencer plus tard sous le roi Vakhtang VI.

* * *

Les motifs du rapprochement de la Géorgie avec la Russie se déterminèrent au commencement du XVIIIᵉ siècle et ne changèrent plus. La Géorgie demandait protection contre les musulmans; elle demandait de l'artillerie et des armes en échange de sa vassalité et au prix de services d'aide par son armée et de contributions.

Telle était la position de la Géorgie vis-à-vis de la Russie, déjà au moment où les rapports entre Pierre-le-Grand et le roi de la Géorgie, Vakhtang VI, commencèrent. Ces relations débutèrent avec la politique de Pierre envers la Perse. Pierre-le-Grand, voyant la faiblesse de la Perse et craignant que la Turquie n'en profite pour acquérir les pays situés au bord de la mer Caspienne, déclara la guerre à la Perse pour conquérir lui-même ces terres si fertiles. Avant d'engager la lutte, il tint à s'assurer de l'aide du roi Vakhtang et dans ce but entra en négociations avec lui, lui promettant en échange protection contre la Perse et la Turquie. Vakhtang lui-même, recherchant la protection de la Russie, promit de soutenir Pierre-le-Grand dans cette guerre. En même temps le Schah de Perse Housseïn demandait à Vakhtang son aide contre l'Afghanistan qui se révoltait. Le roi Vakhtang, en qualité de vassal du Schah, aurait dû obéir à ses ordres, mais il préféra rompre avec la Perse pour gagner la sympathie de Pierre-le-Grand.

La faute de la politique de Vakhtang consista en une trop grande confiance dans la Russie, confiance qui n'était basée sur aucune garantie de la part de cette dernière. Vakhtang prit ouvertement le parti de la Russie et se fit de la Perse un ennemi. Naturellement il perdit son jeu; il ne comprenait pas que dès que les intérêts russes exigeraient une autre action, la Russie oublierait toutes les promesses faites.

Le 12 juin 1722 Vakhtang est invité par l'empereur russe à préparer son armée et à marcher contre les Lezgues. Vakhtang rassemble immédiatement son armée et marche vers la mer Caspienne où il doit se réunir à l'armée russe qui, elle aussi, est en marche. Mais au lieu de rejoindre l'armée géorgienne, comme il était convenu, Pierre-le-Grand rentre subitement en Russie avec son armée, où des affaires politiques qui se compliquent le rappellent, laissant à Vakhtang le soin de faire face à la situation. Au point de vue de la Perse, Vakhtang était un rebelle, méritant une punition sévère; celle-ci ne se fit pas attendre. En effet, bientôt après, les Perses envoient une énorme armée contre Karthli, s'empare de Tiflis et la brûle après l'avoir livrée au pillage.

Vakhtang est obligé de s'enfuir en Iméréthi, d'où il contemple les résultats de sa politique. Tout ce qu'il sait inventer pour subvenir à son pays, c'est de s'adresser à Pierre-le-Grand en lui rappelant ses promesses et lui demandant son soutien. Mais Pierre garda le silence.

Si Pierre-le-Grand mérite une accusation, Vakhtang en mérite plus encore pour son imprévoyance et son incapacité politique. Peut-on, en général, accuser Pierre-le-Grand qui tenta, dans l'intérêt de son pays, de profiter d'un autre Etat? Chaque Etat n'en fait-il pas de même? C'est une politique réelle, généralement admise. Si Vakhtang se trompa, ce fut par sa propre faute. Pierre-le-Grand usa de mensonges envers Vakhtang, cette tache reste sur lui, mais ceci rentre dans l'ordre moral et non dans l'ordre politique des faits.

Peu après le pillage de Tiflis par les Perses, les Turcs profitant de la faiblesse de Karthli, s'emparèrent de ce royaume et le dominèrent. Non seulement, Pierre-le-Grand ne soutint pas la Géorgie dans sa triste situation, mais il reconnut encore l'occupation de la Géorgie par la Turquie, dans le traité de Constantinople en 1724.[1]) Et ainsi les Turcs dominèrent la Géorgie pendant plus de dix ans.

Ne pouvant obtenir aucune protection de la Russie, Vakhtang désolé et découragé, s'adresse à l'empereur d'Allemagne, puis au Pape en leur demandant de l'aide, mais il n'obtint pas de réponse. Ni le Pape, ni l'Allemagne n'avait intérêt à lui aider; le Pape ne trouvant pas en Géorgie un marché religieux (le Catholicisme n'avait pas de succès en Géorgie) et l'Allemagne n'ayant là-bas aucun intérêt économique, le pays était trop éloigné d'elle.

Il semble que les rois géorgiens auraient dû être désillusionnés par le gouvernement russe, mais malgré tout, ils persistaient à avoir confiance dans la Russie, espérant toujours son aide.

Il faut chercher la cause de cette confiance aveugle dans la naïveté des rois géorgiens du XVIIIe siècle qui par un hasard malheureux, étaient privés de tout esprit politique et dans le fait que la Russie était coréligionnaire de la Géorgie.

---

[1]) Le traité de Constantinople en 1724 avait pour but de délimiter les frontières de la Russie, de la Perse et de la Turquie.

La Géorgie considérait la Russie comme le champion de la religion et ne pouvait facilement rompre avec elle. Ainsi le résultat des premiers rapports russo-géorgiens fut la domination turque reconnue par la Russie, dans le traité de 1724. Il ne restait au roi Vakhtang qu'à chercher un asile en Russie; il quitta la Géorgie, emmenant à sa suite jusqu'à mille personnes de la noblesse géorgienne. Vakhtang ne rentra jamais dans son pays, il mourut à l'étranger, loin de sa Patrie.

Ce malheureux roi finit si tristement sa vie! Tout en désirant le bien pour son pays, il ne sut lui apporter que le malheur et cela grâce à son incapacité politique et aux circonstances défavorables dont était entourée la Géorgie à cette époque. La vie tragique et triste de Vakhtang est comme intentionellement résumée par lui dans l'inscription qu'on lit sur les monnaies à sa frappe: „Tu es cendres et tu seras réduit en cendres. Il faut s'humilier. Le roi Vakhtang."

VI.

Les Turcs dominaient la Géorgie. En outre ils avaient l'Azerbeidjan dans leurs mains. La Russie s'était emparée des territoires situés au bord de la mer Caspienne, mais bientôt la Perse prit le dessus sur ces deux Etats. Depuis l'avènement au trône de Nadir-Schah, la Perse avait atteint une puissance extraordinaire. Elle chassa les Turcs de la Géorgie (1734) et de l'Azerbeidjan et enleva les terres caspiennes à la Russie. La Turquie ne voulant pas céder si facilement la Géorgie à la Perse, une lutte s'engagea entre ces deux Etats. La Géorgie ne pouvait pas rester indifférente dans cette lutte, elle était obligée de prendre le parti de la Turquie ou de la Perse.

Le roi de Kakhéthi, Théïmourase, dirigea sagement sa politique; jugeant que la victoire serait du côté de la Perse, il attaqua l'armée turque et la détruisit complètement avant l'arrivée de Nadir-Schah, qui lui en témoigna sa reconnaissance. Théïmourase reconnut le protectorat de la Perse.

Après le départ de Vakhtang VI, le royaume de Karthli n'avait pas d'homme capable de diriger la politique de l'Etat. Il prenait parti tantôt pour la Turquie, tantôt pour la Perse, mais à la fin, influencé par Théïmourase, il prit définitivement le parti de la Perse. En 1744, les circonstances furent telles que le roi de Kakhéthi, Théïmourase, hérita du trône de Karthli et régna en laissant comme roi en Kakhéthi son fils Irakli. Le père et le fils travaillaient activement et gouvernaient avec succès chacun leur royaume. En 1761, après la mort de Théïmourase, Karthli et Kakhéthi se réunirent en un Etat sous le sceptre du roi Irakli.

Comme nous l'avons déjà dit, la Géorgie était destinée à se relever sous le règne de ce dernier roi. Le roi Irakli était un génie militaire. Il intimida facilement les musulmans du Caucase, soumit les Khans voisins de la Géorgie, les forçant à payer des contributions.

Les combats d'Irakli sont restés légendaires. L'on vit ce roi guerrier avec 6000 hommes, infliger la défaite à une armée ennemie de soixante mille hommes.[1) On a beaucoup·écrit au sujet des guerres d'Irakli et dans son temps, ce roi était connu non seulement dans l'Asie, mais encore en Europe, où Frédéric-le-Grand disait de lui: „Moi en Europe et l'invincible Hercule en Asie."

Irakli porta la Géorgie à une telle puissance militaire que non seulement il se dégagea de la vassalité de la Perse, mais qu'il lui imposa encore sa force. Si à ses capacités militaires il avait joint des capacités politiques, il aurait pu profiter de sa situation pour réunir les autres parties de la Géorgie à

[1) Voir: Les combats du roi Irakli (en Russe), du Général Kichmicheff.

son royaume, réformer le pays, créer une armée permanente, améliorer le système d'administration et assurer ainsi l'avenir de la Géorgie.

Pour pouvoir faire face à ses ennemis, la Géorgie aurait dû avoir sur eux la prépondérance de la civilisation. Irakli aurait atteint cette prépondérance mais, comme nous l'avons dit, les capacités d'homme d'Etat et d'administrateur lui manquaient et suivant l'exemple de ses prédécesseurs, il fixa son regard sur le Nord pour assurer l'avenir de la Géorgie. De ce côté, et à ce moment, les conditions étaient favorables pour Irakli. La Russie avait en vue sa première guerre avec la Turquie et en se préparant pour cette guerre, elle se souvint de la Géorgie. Cette dernière pouvait lui rendre de précieux services.

Pour décider facilement la Géorgie à lui aider, la Russie déclara cette guerre religieuse. En invitant la Géorgie à prendre part à la guerre, la Russie lui promit toutes sortes de secours et spécialement son intervention dans le futur traité avec la Turquie, traité qui devait garantir l'inviolabilité du territoire de la Géorgie par les Turcs. La Géorgie accepta les propositions. Le roi Irakli surtout, se montra très heureux de cette guerre car, bien qu'il eût soumis les Khans et bien qu'il eût fait de la Géorgie une forte puissance militaire, il trouvait que l'avenir du pays n'était pas assuré et espérait que la Russie l'assurerait.

En 1769, la Russie déclarait la guerre à la Turquie et en 1770, l'Impératrice Catherine envoyait des troupes en Géorgie avec le Général Totleben à leur tête.

Ayant déclaré de son côté la guerre à la Turquie, Irakli et ses forces se joignirent à l'armée russe près de la ville de Sourami. Les deux armées réunies traversèrent les gorges de Borjome et assiégèrent la forteresse turque Atzkhouri. Irakli, en commandant expérimenté, comprit vite qu'il serait impossible de prendre la forteresse. Il conseilla au général Totleben d'assiéger la forteresse sans l'attaquer et en même temps de diriger les forces principales au cœur du pays pour empêcher les Turcs d'y concentrer les leurs. Totleben ne l'écouta pas, il avait mis trop d'espoir dans ses canons et Irakli fut forcé de lui céder, alors les Russes, soutenus par les Géorgiens, commencèrent l'attaque. Le bombardement dura deux jours, mais sans aucun succès. Au troisième jour, on annonça à Irakli que Totleben s'était retiré en secret le laissant seul sur le champ de bataille. Le roi étonné et désolé, se jeta à sa poursuite, le rattrapa sur le chemin de Borjome et le supplia de ramener son armée, mais le géneral russe s'y refusa obstinément. Le roi Irakli comprit alors son jeu: Totleben cherchait la perte d'Irakli et de son armée pour rester maître du pays.

Il est hors de doute que le général russe avait reçu les instructions précises de son gouvernement à ce sujet. Ainsi Irakli resta seul en face d'un ennemi beaucoup plus fort. Sa position était très grave. Comptant sur l'artillerie et l'infanterie de Totleben, il n'avait avec lui que de la cavalerie et trois canons.

En outre, de nouvelles forces étaient arrivées aux Turcs, mais Irakli ne perdait jamais la tête et malgré tout, il remporta la victoire avec ses braves troupes. Mais cette victoire lui coûta très cher; plus des trois quarts de l'armée était restée sur le champ de bataille.

Quel fut le résultat de cette guerre pour la Géorgie? En échange de l'aide que la Géorgie portait à la Russie contre la Turquie, la Russie s'engageait: 1° A insérer l'inviolabilité de la Géorgie dans le traité entre la Russie et la Turquie. 2" A donner une protection efficace à la Géorgie. 3" A rendre au roi Irakli les provinces de Djavakhéthi et d'Akhalzikhé, arrachées à la Géorgie par la Turquie. Mais le roi Irakli, non seulement n'aboutit à rien par son intervention dans cette guerre pour son royaume uni de Karthli et de Kakhétie, mais il y perdit encore beaucoup. Lorsque en 1774 le traité de Koutchuk-Kainardji fut conclu entre

la Turquie et la Russie, cette dernière oublia la Géorgie.
En plus les Turcs et tous les Paschas voisins, même ceux
avec qui la Géorgie était en rapports amicaux, devinrent
ses ennemis après cette guerre. Quant à la Géorgie occidentale, elle perdit encore davantage, car dans le même traité, la
Russie la reconnut comme vassale de la Turquie.

*   *   *

Plusieurs années s'écoulèrent ainsi et l'attention de la
Russie fut de nouveau attirée par la Géorgie, car il lui était
nécessaire de gagner sa sympathie. La Russie voulait profiter
de l'anarchie qui régnait en Perse après la mort du Schah
Kérim-Khan pour reconquérir les terres caspiennes. Dans ce
but le secours des rois géorgiens lui était évidemment nécessaire. Alors la Russie offrit de nouveau son alliance et son
protectorat. Le roi Irakli, comme toujours, fut heureux de
cette alliance, mais se méfiant des promesses orales, il exigea
qu'un traité régulier fût rédigé entre les deux Etats et proposa
les conditions qui devaient servir de base à ce traité. En 1783
la Russie présenta le projet du traité qui fut en effet basé sur
les conditions proposées par Irakli. Dans la même année,
ce traité fut signé par les ministres géorgiens et russes. De
ce moment la Géorgie se trouva sous la protection de la Russie.
Le traité était basé sur le protectorat de la Russie et la reconnaissance par la Géorgie, du pouvoir supérieur des souverains
russes.

En reconnaissant le pouvoir suprême des empereurs
russes, le roi Irakli ne pouvait plus se déclarer vassal d'un
autre Etat (Art. 1). En plus il était privé du droit de diriger
la politique extérieure. En cas de nécessité, il devait agir conformément aux avis du gouvernement russe ou à ceux du
ministre plénipotentiaire accrédité auprès de la cour royale
de la Géorgie (Art. 4).

Ce qui caractérise le protectorat en général, c'est que l'Etat protégé transmet son droit de politique extérieure à l'Etat suzerain.

Conformément à l'Art. 4, une fois le droit de politique extérieure transmis à la Russie, il était naturel que le roi Irakli considerât les ennemis et les amis de la Russie comme les siens propres. De quoi parle l'Art. 5 du traité. Le même traité obligeait Irakli à aider à la Russie militairement, ainsi qu'à lui apporter tous les secours qu'elle lui demanderait (Art. 1). Le traité ne définit pas le caractère de ces secours, mais il est évident que les secours d'un Etat à un autre Etat, ne peuvent être que militaires, financiers ou encore politiques, de caractère international. En vertu de l'Art. 2, les rois géorgiens montant sur le trône sont obligés d'en avertir l'empereur de la Russie pour recevoir de lui l'investiture; ils sont également obligés de lui prêter serment de fidélité.

Le traité oblige les empereurs de la Russie à donner la protection perpétuelle au roi géorgien et à ses successeurs, et à garantir l'intégrité des possessions du roi Irakli et même reconquérir pour lui, les provinces enlevées à la Géorgie par les ennemis turcs (Art. 2).

Les empereurs russes sont obligés dè considérer les ennemis de la Géorgie comme les leurs et d'assurer le trône du royaume à Irakli et à ses successeurs (Art. 6). Les empereurs de la Russie, non seulement n'ont pas le droit d'intervenir dans les affaires intérieures de la Géorgie, mais ils doivent encore défendre strictement à leurs représentants militaires et civils de se mêler, soit dans l'administration, soit dans la justice, soit dans la question d'impôts du pays protégé, toutes ces affaires étant de la compétence du roi Irakli et de ses successeurs et constituant leur droit (Art. 6). Les empereurs de la Russie doivent considérer la noblesse Géorgienne comme l'égale de la noblesse russe et la laisser jouir dans tout l'empire des mêmes privilèges (Art. 9). En outre l'Art. 9 parle des libertés réciproques du commerce dans les deux Etats.

Ce sont les points principaux des droits et des obligations réciproques du traité.

D'après ce traité, la Géorgie gardait sa souveraineté par le fait que le gouvernement russe n'avait pas le droit d'intervenir dans les affaires intérieures de l'Etat. Tout cela étant de la seule compétence du gouvernement géorgien. Mais la Géorgie délégua à la Russie ses droits de politique extérieure, elle s'engagea vis-à-vis de cette dernière à certaines obligations, ce qui fit de sa situation juridique une situation d'Etat vassal.

*   *   *

Le traité de 1783 devint pour le roi Irakli et son peuple la source de grands malheurs, la cause directe de la chute de la Géorgie. Tous les voisins de la Géorgie furent inquiets en apprenant la vassalité du roi Irakli à la Russie. Ils savaient qu'en livrant le passage du Caucase à l'armée russe, Irakli menait à leur perte la Perse ainsi que tous les Khanats. Dès lors tous les Khans et les Pachas turcs s'unirent contre Irakli; ceux d'entre eux qui lui payaient le tribut étant ses vassaux, se soulevèrent contre lui; les alliés rompirent l'alliance. Le Pacha d'Akhalzikh et Omar-Khan d'Avar, soutenus par les Turcs, marchèrent contre la Géorgie. La Russie comme par plaisanterie, envoya deux bataillons à l'aide de son vassal. Cette quantité de soldats ne suffisait pas pour assurer la paix en Géorgie, mais elle suffit pour provoquer contre le pays la révolte de tout le Daghestan et de tous les Pachas.

Au lieu d'augmenter les renforts et de venir ainsi en aide au pays qui était tombé dans le malheur, le gouvernement russe rappela même ces deux bataillons de la Géorgie, en déclarant qu'il serait plus facile au roi Irakli d'éviter le danger par le renouvellement de ses anciennes alliances, que par les armes.[1]

[1] Voir: Archive du Conseil d'Etat Russe. T. III. P. 2.

Voici comment la Russie comprenait et réalisait ses obligations envers la Géorgie. Cette conduite s'explique par le fait que la Russie avait changé son plan de guerre contre la Perse, plan pour lequel la Géorgie lui était nécessaire. A ce moment elle avait en vue la deuxième guerre avec la Turquie, dont le plan n'exigeait pas une action militaire de la part de la Géorgie. Ainsi, chaque fois que la Russie ne voyait plus ses intérêts dans la Géorgie, elle oubliait ses promesses, les traités et les conventions.

Le puissant Schah de Perse, Aga-Mohammed-Khan, désirant séparer la Géorgie de la Russie, tâcha de décider Irakli à rompre ses relations avec cette dernière et lui offrit des conditions très favorables. Irakli répondit par un refus; Aga-Mohammed-Khan commença les préparatifs de guerre; en voyant qu'il lui était impossible de résister aux troupes innombrables du Schah, Irakli demanda du secours à la Russie, lui rappelant le traité de 1783. Au lieu de secours, il reçut cette réponse: „Envoi de troupes en Géorgie pas jugé utile.“

Aga-Mohammed-Khan avec une immense armée assiégea Tiflis; Irakli marcha à sa rencontre avec des forces très inférieures; malgré l'héroïsme du roi en personne, de ses fils Jean et Vakhtang, de son petit-fils David et de toute l'armée, Tiflis fut prise le 12 septembre 1795. Le courage inouï des Géorgiens dans cette guerre fut éloquemment démontré par le fait que sur toute l'armée, seulement cent cinquante hommes restèrent vivants, tous les autres étaient tombés sur le champ de bataille. Presque tous les commandants avaient trouvé une mort glorieuse, tels les princes Abachidzé, Gouramichvili, etc. etc. Aga-Mohammed-Khan détruisit complètement Tiflis, massacra la population et fit prisonniers plusieurs milliers d'hommes.

Il proposa encore une fois au roi Irakli de se soumettre et de rompre avec la Russie, mais Irakli refusa de nouveau. Il ne voulait pas trahir la parole donnée et l'alliance avec la Russie. Il resta fidèle à son Etat protecteur; ceci restera toujours un exemple frappant de la conduite chevaleresque et du désavantage qu'elle comporte dans la politique. Ce refus était une grande erreur de la part du roi Irakli. Toutes ses forces et son génie étaient développés dans le sens militaire seulement. En ce qui concerne la politique, il la dirigea intérieurement aussi mal qu'extérieurement. Non seulement il ne lutta pas pour ses droits contre les féodaux, mais il favorisa encore le régime féodal en divisant l'Etat en petites parties entre ses nombreux enfants.

Quand l'historien étudie l'histoire de son règne il a l'impression que ce roi mena sciemment son pays à la perte.

Mais tout en accusant Irakli, on ne peut passer sous silence son ardent amour pour sa patrie. Que l'histoire le juge! Quant au peuple, il l'aime, il l'adore pour son courage incomparable et pour sa valeur militaire et dans ses chansons il l'appelle au secours de sa malheureuse patrie. Les montagnards géorgiens, les Khévsours, sont sûrs aujourd'hui encore, qu'Irakli reviendra parmi eux pour les conduire à la guerre pour la patrie. Quand un Khévsour passe sa cotte de mailles, il fixe involontairement son regard au loin et il lui semble que là, à l'horizon, se détache un chevalier qui, au galop furieux de son coursier, avance vers lui. Dans les gorges des montagnes, il entend le piétinement d'un cheval, alors son cœur se met à battre avec enthousiasme et il attend son roi, son cher roi Irakli.

VII.

En 1798 le 2 janvier, le roi Irakli mourut, son fils Georges monta sur le trône et le fit savoir aussitôt au gouvernement russe conformément au traité de 1783. En 1799 Géorges XIII reçut l'investiture de l'empereur russe. De cette façon les relations entre la Russie et la Géorgie se déterminèrent par le traité de 1783 avec l'avènement au trône du roi Georges.

Le nouveau roi trouva son royaume dans un désordre déplorable, le pays était en ruines après l'invasion d'Aga-Mohammed-Khan; le peuple était tombé dans la misère, les frères du roi intriguaient, en lui discutant le trône. Aucun d'entre eux, sauf le prince Alexandre, ne pensait à la patrie, en poursuivant ses intérêts privés et en divisant la noblesse du royaume en plusieurs partis politiques, chaque parti ayant son candidat au trône. Ainsi les frères du roi et la noblesse aidaient à la perte du pays.

Pourtant nous devons dire que la noblesse ne joua pas toujours un rôle négatif dans l'histoire de la Géorgie, quoique, comme représentant du régime féodal, elle était la cause de la faiblesse du royaume, elle donna à chaque époque les meilleurs héros, les meilleurs patriotes et les meilleurs lutteurs pour la patrie. L'histoire est pleine d'exemples de sacrifices que la noblesse géorgienne apporta sur l'autel de la patrie.

Mais, revenons au roi Georges. Comme par ironie la Providence gratifia la Géorgie de ce roi, au moment le plus pénible et le plus difficile de sa vie politique. Le roi Georges était un vrai dégénéré, ayant une mentalité maladive et faible. Il ne comprenait rien, ni à la politique, ni à l'administration; à part l'histoire religieuse il ne savait rien et ne put jamais saisir ni la philosophie, ni les sciences qui, comme il le disait lui-même, se fondaient dans son esprit et disparaissaient sans aucune utilité, comme la glace fond et disparait dans la main. Passant toutes ses journées en prières, il était né plutôt pour être moine que pour être roi.

Cet être pitoyable pouvait-il rendre quelques services à son peuple? Tout ce qu'il sut inventer pour sauver son royaume, fut de s'adresser à la Russie, lui demandant d'établir des liens plus étroits que ceux du traité de 1783.

Malgré que le pays était très démoralisé et découragé après avoir subi tant de catastrophes politiques et sociales, il se trouvait encore des hommes en Géorgie qui avaient l'énergie de lutter pour le salut du pays et qui avaient un jugement sain sur les moyens à employer pour arriver au but.

Le plus éclairé de ces hommes était Solomon Léonidzé. Solomon Léonidzé était le plus proche conseiller du roi Irakli; dès le commencement de sa politique, il se montra l'ennemi irréconciliable de la Russie et de la politique russophile en Géorgie. Sous le roi Georges XIII il continua sa politique. C'était un grand homme d'Etat, un esprit clair, capable d'analyser la situation politique et sociale du pays. Dans les ténèbres de la vie géorgienne du XVIIIᵉ siècle, ses idées brillent comme un poignard dégainé. Solomon Léonidzé comprit profondément le moment historique et forma un plan qui, réalisé, aurait mis la Géorgie dans une situation tout autre que celle dans laquelle elle est aujourd'hui. D'abord il voulait l'union de tous les royaumes et principautés et s'efforça de réunir l'Iméréthie, la Mingrélie et la Gourie au royaume uni de Karthli et de Kakhéthie. C'était l'unique moyen politique par lequel la Géorgie pouvait devenir puissante.

L'Etat géorgien était basé, du moins politiquement, sur une seule force, sur une seule classe, la noblesse.

C'est cette classe seule qui jouait un rôle dans la vie de l'Etat en participant à la vie politique, les autres classes du pays étaient pour ainsi dire en dehors de la vie politique. Mais l'époque était transitoire, la haute classe était en décadence et s'approchait de sa chute; son énergie était déjà épuisée et sa majorité ne représentait qu'une masse d'intrigants démoralisés. Une classe qui tombe, périt laidement, c'est inévitable... Les patriciens romains périrent dans la débauche, les princes géorgiens dans la corruption. Une fois démoralisée, la classe sur laquelle est basée un Etat, n'est pour ce dernier qu'un élément négatif. Dans ce cas l'Etat a besoin de forces nouvelles qu'il trouve dans une nouvelle classe, toujours prête à remplacer l'ancienne. C'est par cette crise que passait la Géorgie. La noblesse tombait, la démocratie se fortifiait; la première était devenue dangereuse et périlleuse pour l'Etat, la seconde était prête à lui apporter toutes ses forces et toute son énergie.

Solomon Léonidzé, qui avait compris l'importance de la classe démocratique pour l'Etat. avait pris son parti. Quant à sa politique extérieure, elle consistait en ceci: Rompre toutes relations d'alliance avec la Russie et acquérir l'amitié de la Perse.

Ce grand homme d'Etat comprenait très bien que l'alliance avec la Russie conduirait la Géorgie à sa perte; tandis que l'amitié de la Perse ne pourrait lui être dangereuse. Au contraire, une fois l'union de la Géorgie réalisée et l'Etat démocratisé, la Géorgie serait devenue maîtresse de la situation au Caucase et par cela même dangereuse pour la Perse.

* * *

Le roi Georges mourut en 1800, le 22 janvier, sans avoir eu le temps de réaliser son projet d'alliance étroite avec la Russie, et le traité de 1783 resta en vigueur. Son fils David devait monter sur le trône, mais les représentants du gouvernement russe lui conseillèrent d'attendre l'approbation formelle de l'empereur russe.

Ces représentants étaient secrètement avisés par leur gouvernement du coup d'Etat qui devait se faire en Géorgie en vue de sa réunion à l'empire et ils savaient qu'une fois le nouveau roi monté sur le trône, ce coup d'Etat serait rendu plus difficile. Solomon Léonidzé comprit très bien le jeu des représentants russes; il conseilla à l'héritier de monter immédiatement sur le trône et de prendre les rênes du gouvernement sans attendre l'arrivée de l'investiture de la Russie. L'héritier David hésita à trahir le traité russo-géorgien. Les représentants russes profitèrent de cette situation équivoque et firent le coup d'Etat en déclarant l'annexion pure et simple de la Géorgie à l'empire russe. Solomon Léonidzé fut arrêté, les princes royaux soumis, furent envoyés en Russie et les personnes suspectes déportées. Le prince royal Alexandre, frère cadet du roi Georges, ayant jugé la domination russe illégale, entreprit alors la lutte, lutte dont nous parlerons dans la IVe partie.

Ainsi, dès le commencement du XIXe siècle, dans ce siècle même qui est marqué par la lutte des nations opprimées, la Géorgie tomba sous la domination de l'Etat le plus despote et le plus oppresseur d'entre tous les Etats.

LES SOULÈVEMENTS EN GÉORGIE

I.

L'établissement de la domination russe en Géorgie devait nécessairement être accompagné de représailles et de brutalités. Les caractères différents de l'organisation politique et sociale des deux pays entrèrent en collision. L'un devait dominer l'autre.

La Géorgie était un Etat socialement et politiquement féodal, ayant une organisation simple et d'un coloris asiatique. Mais ses institutions, ses lois et sa vie sociale étaient bien définies et fondées sur les bases d'une ancienne et solide civilisation et sur les traditions et la coutume. La Russie au contraire représentait une monarchie absolue et despotique. Ses institutions politiques étaient bureaucratiques et centralistes. La Géorgie ne pouvait, sans lutter, céder ses droits, renoncer aux institutions qui lui étaient naturelles et qui étaient basées sur son caractère national. La Russie, absolutiste et centraliste, ne pouvait tolérer l'existence d'institutions nationales d'un pays incorporé dans l'Empire. Unification et uniformisation de toute la Russie, était la devise historique de la Russie.

La lutte s'engagea. Le plus fort écrasa le plus faible et l'inonda de ses tchinownicks. Aussi la première époque de la domination russe est-elle surtout la plus terrible et la plus cruelle. On envoyait en Géorgie les tchinownicks les plus débauchés et les plus démoralisés. La corruption, le vol, la violation des femmes devinrent un système suivi et régulier. On commettait les injustices les plus atroces. L'histoire de cette époque est émouvante et saisissante. Le peuple incapable de tolérer les abus du gouvernement, se livra à la révolte. Les soulèvements éclatèrent le lendemain même de la domination russe et ne cessèrent pour ainsi dire pas, durant un siècle.

La Géorgie fut annexée en 1801, et en 1802 déjà, une grande révolte éclatait dans la montagne. C'est par le fer et par le feu, par la pendaison et le pillage que le gouvernement russe réussit à maîtriser ce premier soulèvement. En 1804, un nouveau soulèvement se déclara en Géorgie (dans la province de Karthli), mais il fut étouffé par les mêmes moyens et le régime despotique triompha encore une fois. Six ans ne s'étaient pas écoulés qu'une révolte très violente éclata de nouveau. En 1810—11 les montagnards se soulevèrent. A la tête du mouvement se trouvait le prince royal Lewan. Ce soulèvement fut suivi d'une grande révolution ou plutôt de la guerilla de 1812.

Le feu de la révolution s'alluma en premier dans un village de Kakhéthie, Akhméta.

Le matin du 31 janvier 1812, le bruit se répandit dans le village qu'une „exécution" devait s'installer à Akhméta pour y enlever une grande partie du blé.[1]) Les villageois se réunirent pour discuter de cette terrible nouvelle et ils étaient encore en discussion lorsqu'un détachement de soldats destinés à „l'exécution", apparut dans le village. Les paysans emportés par la colère se jetèrent sur les soldats, les désarmèrent et les mirent en déroute sans toutefois leur faire du mal. Quelques jours après un détachement d'un régiment de chasseurs et des dragons vinrent de Thélav (capitale de Kakhéthi) dans ce même village pour le punir. Les villageois, soutenus par leurs voisins des villages de Mathnéli et Thianéthi, livrèrent un combat au détachement russe et le mirent en déroute en lui infligeant de graves pertes. Le soulèvement s'étendit dans les environs.

Le soulèvement du village de Thianéthie est intéressant et caractéristique. Ce village était déjà sous „l'exécution". Le

---

[1]) En Russie on appelle „exécution" les troupes qui s'installent dans une localité en vue de punir les habitants; ces derniers doivent entretenir à leurs frais les troupes de l'exécution.

2 février, comme les villageois, réunis dans la cour de l'église, discutaient sur leur terrible situation, une femme se précipita dans la foule. Pâle et tremblante, elle courut vers son mari: „Les soldats russes m'ont violée. Déshonorée, je ne veux plus vivre, il ne me reste qu'à me venger!" Elle arracha à son mari son poignard et s'enfuit. Les villageois, voyant leur honneur si gravement atteint, s'enflammèrent de colère; ils suivirent la femme et avec elle se jetèrent sur le détachement de „l'exécution" et tuèrent tous les officiers et les soldats. Ils attaquèrent le même jour les détachements qui se trouvaient aux environs et tuèrent plus de 150 soldats. La révolte se propagea rapidement dans toute la Kakhéthi. Elle devint générale et la classe aristocratique se rangea au côté des paysans. Les insurgés s'organisèrent et dirigèrent la guérilla. Ils nommèrent comme commandant le prince Othar Koboulichvili.

La guerre fut officiellement déclarée contre la domination russe en Géorgie et pour le rétablissement du royaume géorgien. Kakhéthi en entier nomma comme roi de la Géorgie le prince royal Grégoire Bagrationi.

Le roi couronné prit les rênes du gouvernement et administra, il faut le reconnaître, très énergiquement le pays. Il avisa Karthli et Iméréthi de son avènement au trône et les invita à s'unir à la guerre et à se déclarer indépendants et unis sous son sceptre. Il invita également les Khans des différentes principautés du Caucase, ainsi que la Perse, à le reconnaître dorénavant comme roi de la Géorgie et déclara l'indépendance de Kakhéthi. Ce roi énergique conduisit très bien la guérilla et alluma le feu de la révolte non seulement dans toute la Kakhéthi, mais encore en Karthli et dans la haute montagne. Le 4 février, les insurgés attaquèrent la capitale de Kakhéthi et s'emparèrent de la ville; le commandant de la ville n'eut que le temps de s'enfermer dans la citadelle où il attendit les forces nouvelles qui devaient venir de Tiflis. Le premier renfort qui vint de Tiflis fut attaqué par les insurgés qui tuèrent (d'après les rapports officiels russes) 11 soldats, en firent prisonniers 10 et blessèrent 2 officiers et 30 soldats. Le lendemain un autre détachement russe fut également attaqué et perdit 156 soldats; le commandant même, Ossipoff, fut tué ainsi que le lieutenant d'artillerie Vronski et plusieurs autres officiers encore. Le 5 février, de nouvelles forces et de l'artillerie furent envoyées de Tiflis en Kakhéthi, mais la révolte s'était répandue rapidement de la plaine à la montagne. Partout le peuple prêtait serment au roi Grégoire et engageait une lutte sanglante contre les troupes russes.

Le prince royal Alexandre, fils du roi Irakli, se trouvait à ce moment en Perse d'où il aidait par tous ses moyens aux insurgés. Il encourageait et excitait le peuple contre les Russes par des proclamations enflammées. Ce grand prince dévoué à son pays, préparait des troupes en Perse, d'accord avec le Schah pour marcher contre les Russes. L'Angleterre favorisait beaucoup le prince Alexandre en lui aidant, soit financièrement, soit militairement par ses instructeurs qui préparaient et instruisaient ses troupes et celles du Schah.

En Géorgie les insurgés comptaient beaucoup sur la campagne de la Perse contre la Russie, mais malheureusement, ni l'Angleterre, ni la Perse ne purent exécuter leur plan de campagne et les Géorgiens se virent abandonnés à leurs propres forces qui étaient insuffisantes. Malgré tout, le peuple géorgien lutta encore quelque temps avec ardeur jusqu'aux dernières forces, mais finit par succomber sous les coups de l'ennemi innombrable.

Le roi Grégoire fut déporté en Russie. Les provinces insurgées anéanties et incendiées, les habitants pendus, fusillés; le système du knout et de la pendaison fut rétabli. Le tchinownick et le gendarme régnèrent de nouveau en maîtres.

A peine le gouvernement russe avait-il réussi à arrêter la guérilla de 1812 pour quelques mois, qu'en 1813 le prince Alexandre, venant de Perse, mit sur pied les montagnards et la Kakhéthi et livra des batailles hardies aux Russes.

En 1819 une grande révolte éclata en Iméréthie et en Gourie. Ses causes immédiates furent les réformes ecclésiastiques en Géorgie. En 1811 déjà, le gouvernement avait aboli l'indépendance de l'église géorgienne en Karthli et l'avait soumise au pouvoir du Saint-Synode qui devint dès lors son chef et son administrateur. Tous les biens immeubles et les revenus des églises et des monastères passèrent également au Saint-Synode.

En 1817 le gouvernement décida de soumettre au Saint-Synode l'église de toute la Géorgie. Dans ce but un nouvel Exarque (ainsi est appelé le fonctionnaire russe qui représente le Saint-Synode et qui est le chef de l'église géorgienne),[1]) Théophilacte, fut envoyé de la Russie. Celui-ci, dès son arrivée, procéda à la réquisition des propriétés des églises et des monastères en Iméréthie, Gourie et Mingrélie. Des fonctionnaires de l'Etat (les tchinowniks) se répandirent dans le pays et commencèrent à dresser les listes des biens de l'église.

De l'étonnement, le peuple passa au désespoir en se voyant dépouillé de sa richesse nationale, gardée au prix de son sang au travers des siècles. Il adressa des pétitions au gouvernement, dans lesquelles était dit entre autres: „Nous nous sommes souvent trouvés entre les mains des musulmans, mais ils ont toujours respecté notre église et n'ont jamais touché à ses biens. Pendant de longs siècles nous avons gardé et défendu la religion chrétienne avec notre sang; nous avons gardé notre église et ses biens, nous avons protégé notre clergé et maintenant nous voyons tout cela nous être injustement arraché." Non seulement le gouvernement ne fit pas attention aux demandes du peuple, mais ses fonctionnaires commencèrent encore à insérer dans les listes

---

[1]) Après la révolution de mars, l'Exarque a été remplacé par le Katolikos géorgien élu à Mzkheth, ancienne capitale de la Géorgie, par le suffrage du clergé géorgien.

des biens de l'église qui devaient passer au Saint-Synode, les propriétés privées des personnes privées.

La patience du peuple épuisée, un grand soulèvement éclata. La noblesse et le clergé se mirent à la tête des insurgés. Partout furent répandus des détachements armés qui attaquèrent les forces russes. Le gouvernement voyant que cela tournait au sérieux, arrêta temporairement l'exécution de son plan pour calmer l'opinion publique, mais il était déjà trop tard, le soulèvement suivait son cours naturel, les bandes armées augmentaient. Dans les églises les curés bénissaient les armes et les hommes qui devaient se battre, le peuple s'armait et jurait de chasser les Russes du pays. Le clergé prêchait à haute voix la liberté et la lutte pour la patrie. Des partis politiques se formaient qui discutaient la forme que l'Etat devait prendre après s'être débarrassé des Russes et choisissaient le candidat au trône. Ces partis étaient entrés en communication avec la Turquie qui promettait son aide.

Les troupes russes à Koutais (capitale d'Iméréthie) avaient pris toutes leurs dispositions pour la campagne, elles avaient fortifié Koutais qui était menacé: on organisait des fortifications pour l'artillerie, on abattait les forêts voisines pour empêcher les opérations des insurgés. De Tiflis le gouverneur général du Caucase envoya des renforts en Iméréthie, un bataillon de grenadiers de Kherson, deux régiments de cosaques et de l'artillerie sous le commandement du général Sisoeff.

Pour mieux étouffer le soulèvement, le gouvernement forma le plan d'attirer dans une réunion les personnes qu'il considérait comme les chefs de l'insurrection et de les arrêter traîtreusement. Parmi ces personnes se trouvaient: Les métropolites (chefs de l'église) d'Iméréthie et la fille du roi Solomon Daredjan, le prince Abachidzé, l'archimandrite Grégoire, le prince Bejan Tseretheli, le prince Zoulloukidzé etc. etc. Invités dans une réunion par le commandant Pouzirewsky, toutes ces personnes furent arrêtées et conduites en Russie.

En route on les traita si mal que le métropolite Qutha-
theli mourut et fut enterré en chemin par les soldats, comme
un vulgaire malfaiteur. Le métropolite Henatheli Ekhuthime
fut envoyé en Sibérie. La fille du roi avec son fils agé de dix
ans, fut exilée dans une misère incroyable. Le gouvernement
lui refusa une aide mensuelle de cent cinquante francs qu'elle,
autrefois si riche, poussée par la faim, lui avait demandé. Le
gouvernement voulut placer l'enfant royal dans un orphe-
linat. De pareilles mesures n'étaient capables que d'agiter
le peuple davantage. L'insurrection se propagea d'Iméréthie
en Gourie.

Le commandant Pouzirewsky se dirigea sur la Gourie
pour étouffer l'insurrection et anéantir la famille princière
de Gourie. Il y fut tué, sa troupe fut détruite en partie, en
partie blessée et faite prisonnière, le reste s'enfuit en déroute,
abandonnant son artillerie aux Géorgiens. Un autre détachement russe qui était accouru à l'aide de Pouzirewsky fut
entouré et complètement anéanti. Le gouverneur du Caucase
envoya de Tiflis de nouveaux renforts très considérables avec
le chef de l'état-major, le général Weliaminoff, qui avait
l'ordre suivant: tuer immédiatement tout individu porteur
d'armes, massacrer et incendier les villages et les localités
ayant le moindre contact avec les insurgés, tâcher de s'emparer
du prince royal Vakhthang et le tuer immédiatement, etc. etc.
Le chef du mouvement en Iméréthie était Jean Abachidzé.
Avec des forces très inférieures et des armes primitives, il
lutta désespérément contre les Russes. Il attaqua les forces
russes sur le fleuve Tcholabur, les extermina, occupa la route
entre Tiflis et l'Iméréthie et coupa toute les communications.

En Gourie cinq cents hommes commandés par le prince
Eristhawi attaquèrent des transports russes forts de cinq
compagnies, d'un détachement de cosaques et d'une batterie
d'artillerie, leur infligèrent une défaite et les mirent en dé
route. Trois jours après Georges Dadiani attaqua un déta
chement russe, mit en déroute les cosaques et fit prisonnier

les chef du détachement. Quelques jours après ce même Dadiani attaqua un transport de munitions russe et après une
bataille de cinq heures, extermina la moitié de ce détachement
et mit l'autre en fuite. En même temps à Radja (la partie mon-
tagneuse de l'Iméréthie) l'insurrection éclatait. A sa tête se
trouvait le prince royal David. Le 17 mai 1820 le prince
David livra une bataille aux troupes russes qui marchaient
contre Radja. Les Russes qui avaient des forces beaucoup
plus considérables et une forte artillerie, infligèrent une défaite au prince David. Bientôt après, le 1er juin, dans
une autre bataille désespérée, le prince David fut tué. Sa
propriété fut séquestrée au profit de l'Etat, sa maison incen-
diée, sa famille arrêtée et emprisonnée. Les deux frères
Jachwili se mirent à la tête du peuple, ils luttèrent avec une
ardeur inouïe, mais subirent le même sort que David; leurs
maisons furent incendiées et toutes leurs propriétés séques-
trées. Les biens de leurs partisans furent également incendiés.

Après avoir mis toute une province à feu et à sang, le
commandant russe invita un jour à un festin les personnes
qu'il considérait comme instigatrices de l'insurrection. Quand
ces personnes se présentèrent, elles furent entourées et arrêtées; saisissant leurs sabres, elles se défendirent et se jetèrent sur les traitres, mais attaquées par les troupes, presque
toutes tombèrent ou furent blessées. Celles qui furent prises
vivantes subirent un sort terrible. Les princes David et Georges
Tsouloukidzé moururent dans la prison de Tiflis; d'autres
furent déportés dans la lointaine Sibérie, tous leurs biens
furent séquestrés, les maisons pillées et incendiées.

Après avoir exterminé et mis en feu Radja, toutes les
forces russes se tournèrent contre l'Iméréthie; le chef des
insurgés de cette province, le prince Abachidzé se défendit
comme toujours héroïquement, mais n'ayant pas reçu à temps
les forces promises par ses alliés turcs, il fut battu et se sauva
en Turquie. Alors l'Iméréthie, également mise à feu, rentra
dans le calme. Les Russes dirigèrent leur marche contre la

Gourie. Cette province lutta avec un courage admirable. Pour maîtriser les insurgés, les troupes du Tsar commencèrent par incendier et détruire les villages paisibles et massacrer les populations innocentes, n'épargnant ni femmes, ni enfants. Les atrocités les plus cruelles furent commises par ces sauvages; on incendiait non seulement les bâtiments dans les localités, mais on exterminait encore les champs cultivés, les vignes et les jardins, produits du travail pénible de générations.

Ainsi fut également maîtrisée la Gourie.

* * *

Le pays étouffait sous le régime du tsar, mais la conscience nationale était encore vivante et l'idée de la libération de la Géorgie n'était pas abandonnée par les patriotes.

En 1830, les notables géorgiens formèrent une vaste conspiration pour attaquer les forces russes au Causace et déclarer l'indépendance de la Géorgie. Les conspirateurs voulaient organiser un grand bal où seraient invités le gouverneur du Caucase ainsi que tous les grands fonctionnaires. A un moment donné, on devait se jeter sur ces invités et les égorger. Ensuite on devait attaquer les régiments russes à Tiflis, les anéantir et occuper le chemin militaire géorgien, la porte entre la Russie et la Géorgie et déclarer l'indépendance de la Géorgie. Mais les conspirateurs furent dénoncés par un espion. Tous furent arrêtés et déportés en Sibérie.

En 1878, une province de la Géorgie, l'Aphkhaséthi, se souleva et lutta désespérément contre la domination russe. Ce soulèvement fut également étouffé dans le sang et le feu.

Après une période de calme relatif, une grande révolution s'alluma en 1905 dans toute la Géorgie et dura jusqu'à 1907. Durant toute cette période, le pays entier lutta avec un désespoir et une résolution uniques dans l'histoire. A la tête du mouvement se trouvaient le parti national des Socialistes-Fédéralistes géorgiens et le parti Socialiste-Démocrate.

Au commencement, la révolution compta des succès. Les autorités russes furent chassées de différentes provinces et chaque province libre fondait une république qui substituait au régime despotique, un régime du droit et de l'ordre. Mais après avoir écrasé la révolution à Moscou et trouvé un fort crédit de plusieurs milliards en Europe, la Russie inonda la Géorgie de troupes et le mouvement fut écrasé.

Une réaction sans pareille s'en suivit. On pendait, on fusillait sans jugement. On violait les femmes et les filles, on incendiait les cités. Plus de 125 villages furent entièrement incendiés, plus de 9 villes détruites et également incendiées; on pilla et vola toute la Géorgie. On déporta et emprisonna plus de 100,000 personnes. A Tiflis, dans la capitale de la Géorgie, on détruisait les maisons à coups de canon; dans la même ville, on brûla vivantes plus de 250 personnes en un seul jour. Les cosaques s'introduisirent dans le gymnase de garçons et tuèrent plus de 40 enfants. A Koutaïs, on massacrait les passants innocents dans les rues. Dans la même ville, les cosaques ivres, s'introduisirent dans une école de filles et violèrent plus de 30 fillettes de 9 à 11 ans qui succombèrent presque toutes. Le gouvernement déporta, fusilla et emprisonna les meilleurs écrivains et les meilleurs publicistes du pays.

Ainsi cette révolution, comme les précédentes, fut noyée dans le sang.

En 1914, quand la guerre mondiale éclata, la Géorgie espérait que le gouvernement russe, vu la guerre russo-turque qui devait se passer à la frontière géorgienne, chercherait à acquérir les sympathies de la Géorgie et satisfairait au moins en partie, ses aspirations nationales. Il n'en fut rien. Le gouvernement continua sa politique de répression. Alors la Géorgie garda vis-à-vis de la Russie la même attitude que la Finlande.

Le sénateur finlandais Takoï, parlant devant le Sénat après le changement de régime en Russie, expliqua cette attitude de la Finlande: „Quand la guerre mondiale a commencé," a-t-il dit, „la Finlande a gardé la neutralité vis-à-vis de la Russie et n'a pas tenté de se soulever. Mais il ne faut pas cacher que la Finlande entière voyait le salut du pays dans la défaite de l'armée russe. Beaucoup de jeunes gens ont pris les armes et se sont incorporés dans les rangs de l'ennemi de la Russie (allusion à la Légion finlandaise) pour lutter pour la liberté de leur patrie."

Eh bien! La Géorgie se trouvait dans la même situation et partageait entièrement les sentiments de la Finlande.

Mais aujourd'hui, les conditions politiques sont radicalement changées en Russie et le régime despotique est remplacé par la démocratie qui proclame la liberté et le droit des nations de disposer d'elles-mêmes. Saura-t-elle, la Russie démocratique, satisfaire les aspirations nationales des différentes nations qui constituent la république?

L'assemblée constituante qui va prochainement faire son entrée sur la scène politique, saura-t-elle réunir, sous un régime juste et républicain de la Russie nouvelle, toutes ces nations qui reniaient la Russie du Tsar?

C'est ce que l'avenir nous apprendra!

www.ingramcontent.com/pod-product-compliance
Ingram Content Group UK Ltd.
Pitfield, Milton Keynes, MK11 3LW, UK
UKHW021529080726
13613UKWH00008B/1396